U0541456

中社智库 国家智库报告 2020（18）
National Think Tank
经济

中俄能源行业发展与务实合作研究

王晓泉　[俄罗斯]叶莲娜·扎维雅洛娃　主编

RESEARCH ON CHINA-RUSSIA ENERGY DEVELOPMENT
AND PRAGMATIC COOPERATION

中国社会科学出版社

图书在版编目(CIP)数据

中俄能源行业发展与务实合作研究／王晓泉，(俄罗斯)叶莲娜·扎维雅洛娃主编．—北京：中国社会科学出版社，2020.6
（国家智库报告）
ISBN 978-7-5203-6480-5

Ⅰ.①中… Ⅱ.①王…②叶… Ⅲ.①能源经济—经济合作—国际合作—研究报告—中国、俄罗斯 Ⅳ.①F426.2②F451.262

中国版本图书馆 CIP 数据核字（2020）第 082997 号

出 版 人	赵剑英
项目统筹	王 茵
责任编辑	范晨星
责任校对	周 昊
责任印制	李寡寡

出　　版	中国社会科学出版社
社　　址	北京鼓楼西大街甲 158 号
邮　　编	100720
网　　址	http://www.csspw.cn
发 行 部	010-84083685
门 市 部	010-84029450
经　　销	新华书店及其他书店
印刷装订	北京君升印刷有限公司
版　　次	2020 年 6 月第 1 版
印　　次	2020 年 6 月第 1 次印刷
开　　本	787×1092　1/16
印　　张	11.75
插　　页	2
字　　数	160 千字
定　　价	78.00 元

凡购买中国社会科学出版社图书，如有质量问题请与本社营销中心联系调换
电话：010-84083683
版权所有　侵权必究

课题组主持人：

王晓泉，中国社会科学院"一带一路"研究中心副主任、中国俄罗斯东欧中亚学会秘书长、中信改革发展研究基金会中俄战略协作中心执行主任

叶莲娜·扎维雅洛娃（Elena Zavyalova），经济学博士，副教授，俄罗斯莫斯科国立国际关系学院（大学）经济政策与政府和社会资本合作教研室主任

中方课题组成员：

陈建荣　中国石油集团经济技术研究院发展战略研究所教授级高级经济师

江　河　中国石油集团经济技术研究院发展战略研究所高级经济师

谢　薇　中国石油集团经济技术研究院发展战略研究所中级经济师

苏穗燕　中国石油集团经济技术研究院发展战略研究所高级经济师

金焕东　中国石油集团经济技术研究院海外投资环境研究所高级经济师

彭盈盈　中国石油集团经济技术研究院海外投资环境研究所中级经济师

王晨星　中国社会科学院"一带一路"研究中心研究员、中信改革发展研究基金会中俄战略协作中心特聘专家

俄方课题组成员：

卡尔鲁索夫·维亚切斯拉夫（Karlusov Vyacheslav），经济学博士，俄罗斯莫斯科国立国际关系学院（大学）世界经济教研室教授

克拉夫琴科·叶卡捷琳娜（Kravchenko Ekaterina），法学博士

俄罗斯天然气工业集团股份有限公司副局长

克罗托娃·塔季扬娜（Krotova Tatyana），俄罗斯莫斯科国立国际关系学院（大学）经济政策与政府和社会资本合作教研室应用研究中心研究员

利哈乔夫·弗拉基米尔（Likhachev Vladimir），工学博士，俄罗斯国家高等经济研究大学能源研究所副所长

亚尔科夫·德米特里（Yarkov Dmitry），上海大学经济学硕士俄罗斯莫斯科国立国际关系学院（大学）世界经济教研室研究生

摘要： 能源合作是中俄务实合作最重要的领域之一。中俄能源合作近年来不断取得突破，初步形成了油气领域上中下游一体化合作的利益共享、风险共担模式。与此同时，中俄能源合作仍存在项目实施企业间配合不够默契、不适应对方国家法律环境等问题，两国油气合作的巨大潜力尚未得到充分挖掘，两国共同打造更为合理的区域乃至世界能源秩序的战略协作有待深化。本报告系统总结中俄能源产业发展及双边油气合作情况，梳理中俄能源领域法律法规，分析中俄油气合作模式的形成和发展趋势。

关键词： 国际能源合作；中俄务实合作；中俄关系

Abstract: Energy cooperation is a top priority of China-Russia pragmatic cooperation. In recent years, China and Russia continue to make breakthroughs in energy cooperation, initially forming a benefit- and risk-sharing model that integrates upstream, midstream and downstream oil & gas market players. However, China-Russia energy cooperation is still faced with such problems as lack of coordination between project implementation enterprises and failure to be adapted to local legal environments. The immense potential for oil & gas cooperation between the two has not been fully tapped and the strategic cooperation in building a more reasonable regional and even global energy order has yet to be deepened. This report summarizes the energy developments in China and Russia and the oil & gas cooperation between the two, reviews laws and regulations on energy in both countries, and analyzes the formation and development trend of the China-Russia oil & gas cooperation model.

Key Words: International Energy Cooperation, China-Russia Pragmatic Cooperation, China-Russia Relations

前　言

中俄互为最大友好邻邦和战略依托，两国关系持续快速发展。2019年，两国元首确立"新时代中俄全面战略协作伙伴关系"。能源合作是中俄务实合作最重要的领域之一。中俄能源合作近年来不断取得突破，初步形成了油气领域上中下游一体化合作的利益共享、风险共担模式。与此同时，中俄能源合作仍存在项目实施企业间配合不够默契、不适应对方国家法律环境等问题，两国油气合作的巨大潜力尚未得到充分挖掘，两国共同打造更为合理的区域乃至世界能源秩序的战略协作有待深化。为推进中俄能源特别是油气领域务实合作，坚定双方合作信心，消除合作障碍，发挥好能源合作对加强中俄战略协作关系的独特价值，中信改革发展研究基金会中俄战略协作中心特设立"中俄油气务实合作研究"课题，与中国社会科学院"一带一路"研究中心、中国俄罗斯东欧中亚学会、中石油经济技术研究院、俄罗斯联邦外交部莫斯科国立国际关系学院（大学）以及俄罗斯"Sibanthracite Group"公司的专家共同开展研究，系统总结中俄能源产业发展及双边油气合作情况，梳理中俄能源领域法律法规，分析中俄油气合作模式的形成和发展趋势。本报告是中俄学者联合研究的共同成果。课题组在研究过程中尽可能保持客观、公正的立场，直观展示中俄能源务实合作的现状、问题及前景。因此，本报告具有较强的现实意义，能够对两国企业开拓对方市场，加强相互投资，形成互利共赢、共同发展的合作关系提供参考。

王晓泉　叶莲娜·扎维雅洛娃［俄］

目 录

一 俄罗斯燃料能源综合体的发展 ……………………（1）
 （一）俄罗斯燃料能源综合体发展概况……………………（1）
 （二）俄罗斯石油产业发展概况……………………………（6）
 （三）俄罗斯天然气产业发展概况…………………………（10）
 （四）俄罗斯煤炭产业发展概况……………………………（15）
 （五）俄罗斯电力及热力产业发展概况……………………（20）

二 俄罗斯能源公司的发展 …………………………………（25）
 （一）俄罗斯石油公司的发展………………………………（26）
 （二）俄罗斯天然气公司的发展……………………………（44）
 （三）俄罗斯煤炭公司的发展………………………………（54）
 （四）俄罗斯电力公司的发展………………………………（59）

三 中国油气工业的发展 ……………………………………（72）
 （一）中国油气在能源中的地位……………………………（72）
 （二）中国油气工业的发展成就……………………………（73）
 （三）中国油气工业的发展趋势……………………………（78）
 （四）中国油气工业发展的问题……………………………（80）

四 中国油气公司国际合作 …………………………………（86）
 （一）中国海外油气合作概况………………………………（86）

（二）中国海外油气权益产量 …………………………………（89）
（三）中国油气公司海外投资历程 ………………………………（91）

五 中俄油气领域合作 ……………………………………………（96）
（一）油气勘探开发 ………………………………………………（96）
（二）双边油气贸易 ………………………………………………（98）
（三）跨境油气管道 ………………………………………………（100）
（四）炼油化工合作 ………………………………………………（102）
（五）"亚马尔液化气"项目 ……………………………………（104）

六 中俄油气合作模式分析 ……………………………………（107）
（一）政经良性互动 ………………………………………………（107）
（二）上中下游一体化 ……………………………………………（114）
（三）以资源为中心的多业一体化 ………………………………（117）

七 俄罗斯能源领域法规 ………………………………………（123）
（一）俄罗斯能源领域法规概况 …………………………………（123）
（二）俄罗斯天然气领域法规 ……………………………………（127）
（三）俄罗斯石油领域法规 ………………………………………（132）
（四）俄罗斯煤矿领域法规 ………………………………………（134）
（五）俄罗斯电能领域法规 ………………………………………（136）
（六）俄罗斯热力领域法规 ………………………………………（139）
（七）俄罗斯核能领域法规 ………………………………………（141）

八 中国油气领域法规 …………………………………………（143）
（一）勘探与生产法规 ……………………………………………（143）
（二）炼化与销售法规 ……………………………………………（153）
（三）管道储运法规 ………………………………………………（160）
（四）进出口与贸易法规 …………………………………………（170）

一 俄罗斯燃料能源综合体的发展

俄罗斯燃料能源综合体自苏联时期便是国民经济支柱性产业和财政收入主要来源之一。俄罗斯独立后，经济结构严重畸形，国家财政对燃料能源综合体的依赖有增无减。正因如此，俄罗斯燃料能源综合体特别是油气、电力等产业在经历短期私有化之后重回以国有企业为主的管理体制，企业在遵循国家利益与国家战略的前提下遵照市场规律开展业务。

（一）俄罗斯燃料能源综合体发展概况

燃料能源综合体是俄罗斯经济的主要组成部分，一直以来都对国家安全及社会经济发展做出了重要贡献。俄罗斯拥有丰富的能源储备，不仅能完全满足国内的燃料需求，所生产能源还有近一半可以用于出口。这自然可以被视为是俄罗斯的竞争优势，尽管对此还有不同意见。

在经济文献和政治经济讨论中经常会提到"资源诅咒""荷兰病"，即经济发展片面性的问题。俄罗斯经常被称为西方和中国的"原料附属国"。俄罗斯及国外经济学家都提到了经济多样化问题，认为俄罗斯必须摆脱石油依赖。此外，考虑到现实和局势特征，有观点认为：俄罗斯作为一个能源大国，依赖石油没什么不好，同时还举了沙特阿拉伯和挪威发展的成功案例。总体而言，这反映了燃料能源综合体在俄罗斯经济中的作用，没有必要把两种观点对立起来。

燃料能源综合体在俄罗斯联邦财政收入及出口额中所占的比重均接近一半，在固定资本投资中所占比重为三分之一，在国民生产总值中所占比重为四分之一。而且在燃料能源综合体中的劳动人口占俄罗斯经济中全部劳动人口的4%①。俄罗斯能源体系包括各种形式的化石燃料、可再生能源以及原子能和水能。能源项目为工业高新技术领域的发展提供了动力，同时还是远东、西伯利亚、北极和克里米亚等地区的"增长点"。

谈及燃料能源综合体在俄罗斯经济中的作用，不能忽视的一点是：油气领域收入进入后备基金（人民福利基金及储备基金）让俄罗斯得以"高枕无忧"，安然无恙地度过了最近两次经济危机，并且在经历上一次经济危机时还保障了2012年5月总统令的执行，保持了社会稳定，以较好的经济指标迎来了新一轮总统大选。这一切都是在受到制裁且世界政经局势不稳定的条件下实现的。为弥补财政赤字，国家福利基金曾拨出6167亿卢布，俄联邦储备基金曾拨出1万亿卢布。2017年12月，俄联邦储备基金消耗殆尽。②

尽管俄罗斯一直以来都是世界能源国家中的佼佼者，但俄罗斯的燃料能源综合体仍面临着内部和外部的挑战与问题。《俄罗斯联邦国家安全战略》（2015年12月31日生效）中概括地介绍了这些问题，尤其是该战略第61条指出，保障能源安全的必要条件是：提升国家燃料能源综合体管理效率，不间断地向需求者供给能源，保障世界能源市场中的技术主权，使用有发展前景的节能及高能效技术，提升能源加工水平，防止俄罗斯能源供应商在海外市场受歧视，防止俄罗斯开采公司在俄境外

---

① Энергостратегия 2035 стр. 4. -URL：https://minenergo.gov.ru/node/1920（дата обращения：18.07.2019）.

② URL：https://www.rbc.ru/newspaper/2018/01/11. -Дата публикации：01.11.2018.

做烃类开采时受歧视,抵制某些国家出于政治目的而非经济目的操控能源市场,开发有前景的节能技术并进行国际交流①。

决定燃料能源综合体发展的纲领性文件中详述了该领域面临的内部问题。其中主要问题之一是燃料能源综合体面临的巨大税收及关税压力,这导致了基础设施和生产基金更新速度减缓。国家能源安全基金总经理西蒙诺夫认为,由于近年来油气领域展现出良好的发展态势,政府采取了严苛的财政措施,其主要目的是向公司征收更多的资金上缴国库,同时还计划寻求内部资源来实施投资项目。诚然,燃料能源综合体领域各公司拥有内部资源,但这些公司没有兴趣提升生产效率,因为多余的利润都被征收上缴国库了②。

迫切需要建立燃料能源综合体投资保障机制的另一个原因是燃料领域资源基础的破坏。现有的油田有枯竭的趋势,同时新开发的油田规模在减小,质量也在下降。国家能源安全基金数据显示:截至2014年所开采的5.27亿吨石油中,新油田(开发时间少于5年的油田)开采量为4070万吨,约占8%。燃料能源综合体领域的显著特点是投资周期长。从石油项目的第一笔投资到首次石油开采要经历5年甚至更长时间。

由经济危机等原因带来的经济增速放缓客观上也导致了能源需求量的下降。经济发展速度问题是俄罗斯面临的关键问题之一。国家领导层制定的目标是经济增速超过世界平均水平。俄罗斯能源部的纲领性文件预测,2015—2035年俄罗斯国民生产总值的年平均增速为2%(保守估计),乐观估计为3%③。这

---

① Энергостратегия 2035. -URL: https://minenergo.gov.ru/node/1920(дата обращения:18.07.2019).

② URL: https://rg.ru/gazeta/rg/2015/10/08.html. -Дата публикации: 08.10.2015.

③ Энергостратегия 2035. -URL: https://minenergo.gov.ru/node/1920(дата обращения:18.07.2019).

样的增速很难促进燃料能源综合体的发展，进而使俄罗斯超越世界各大经济强国。

俄罗斯燃料能源综合体面临的另一个问题是某些领域技术落后，部分设备依赖进口。尤其是钻井设备部件，钻井平台本身，特别是冰上钻井平台。据俄罗斯能源部估计，到2020年，钻机配件缺口数量将超过15万件。俄罗斯的大陆架设备生产并不发达。在该领域被制裁前，北极"普里拉兹洛姆纳亚"钻井平台的国产零件比例不超过10%。俄罗斯在北极大陆架石油勘探与开采技术领域持续落后。北极大陆架地区俄罗斯的地质勘探设备比例不足15%[1]。

燃料能源综合体正在面对或即将面对的问题中，值得一提的还有该领域对外部经济形势的高度依赖性以及获取长期性低价金融资源的渠道问题。实践表明，最困难的是预测能源价格，尤其是石油价格。另一方面不难预见的是：因为工业、交通、物业等领域的加速发展，节能及高能效技术发展带来的能源需求量下降会得到一定程度上的补偿。在制裁条件下，获取低价金融资源的问题显得尤为重要，该问题可以通过利用内部金融资源或者减少燃料能源综合体税收的方式得到解决。

俄罗斯燃料能源综合体面临着下列外部挑战：

（1）各地区经济发展的差异性与不可避免的国际及区域性危机；

（2）先进国家有可能进入新的技术发展阶段；能效提高，能源需求量下降；

（3）气候变化问题日益严峻，气候调解措施逐渐增强；

（4）从能源类型到能源供应渠道，各国能源结构日趋多样化；

---

[1] Коммерсант 16.10.2015. URL：http：//www.akm.ru/rus/news/2015/october/16/ns_5339460.htm. -Дата публикации：16.10.2015.

（5）从长期看，可再生能源的竞争力不断上升；

（6）有可能出现新的能源出口国。

据专家估计，长期来看俄罗斯的燃料能源综合体在出口方面可能会面临新的挑战。尤其是对俄罗斯至关重要的欧洲市场将会发生变化。增加能源供应的可能性正在减少，而这是由一系列原因导致的。第一，由于采取了高能效及节能的一揽子措施，能源需求有所下降；第二，为保障地区能源安全，将继续推行能源供应多样化政策。与此同时，未来欧洲国家的能源平衡体系中可再生能源的比例将增加。

由于上述趋势的存在，以及亚太地区主要国家发展步伐的加快，未来该地区的能源需求量将增加。俄罗斯能源供应商有机会扩大对东方国家的出口，这些国家为实施大规模基础设施项目而增加了对资源的需求。

未来俄罗斯各种具体能源的出口将面临以下的形势：由于供应能源质量的提高和能源运力的提升，市场上石油产品的竞争力或将有所提升。但同时不能忽略的还有页岩能源革命，其极大地提升了烃类的资源储备，导致市场上供应过剩、竞争加剧。

专家估计，在天然气行业俄罗斯有机会保持在欧洲市场的地位，并显著扩大在亚太国家市场的占有量。而且，未来通过现有及在建输气管道输送的天然气量将有所上升，还会扩大液化天然气的出口。随着技术的发展，在可预见的未来市场上可能出现煤层甲烷和天然气水合物。

俄罗斯煤炭出口的前景则不那么明朗。由于现有的生态限制，欧洲市场可能缩水，未来俄罗斯或将扩大对亚太国家、近东及北非的煤炭供应。俄罗斯煤炭的市场竞争力将取决于产品质量和运输费用。煤炭领域的出口前景很大程度上有赖于环保立法的完善以及未来可能征收的烃类附加税。

（二）俄罗斯石油产业发展概况

石油产业是俄罗斯燃料能源综合体的重要组成部分。目前俄罗斯的石油储量居世界第六位。俄罗斯能源部数据显示，2016年世界石油储量增长0.9%，达到2410亿吨。世界石油储量最大的国家依旧是委内瑞拉（超过400亿吨），由于有奥里诺科石油带的重油和超重油的存在，委内瑞拉的石油储量自2000年起增长了3倍。排在委内瑞拉之后的是沙特阿拉伯、加拿大、伊朗和伊拉克。

需要指出的是，从21世纪初迄今俄罗斯已探明的石油储量为150亿—160亿吨。这说明传统油田的枯竭因新油田的发现而得到补偿。自2000年以来，俄罗斯石油储量在世界石油总储量中的占比从8.7%降至6.3%，2018年俄罗斯的凝析油储量增加到5.78亿吨。①

2017年俄罗斯的天然气凝析油开采量为5.46亿吨，比2016年减少了0.3%。自2000年起俄罗斯凝析油的开采量连续增长，且2000—2004年的涨幅最大。自2007年至今涨幅逐步放缓，开采趋于平稳。据一些专家估计，这是因为开采量已达到峰值。同时值得一提的还有俄罗斯与石油输出国组织欧佩克签订的缩减开采量以稳定市场的协议。在此前提下，俄罗斯得以在最适合自己的条件下进行限量开采。

东西伯利亚和雅库特地区大型油田的开发保障了石油的高开采量。特别是万科尔、上琼斯克、塔拉坎和北塔拉坎油田的开发，使东西伯利亚和远东地区的石油产量比2008年提升了4倍。同时开始开采的还有普里拉兹洛姆油田和其他大陆架油田。

俄罗斯石油储量居全球第六位，但开采量仅低于美国和沙

---

① 俄罗斯燃料动力综合体2016战略集。

特阿拉伯，排在第三位。2009—2010年，俄罗斯石油开采量排到了第一位。在俄罗斯之后是伊拉克、加拿大、伊朗、中国以及阿联酋。从长远来看，很难预测石油生产中各国的力量对比，尽管看起来美国、沙特阿拉伯、伊拉克和伊朗等国的潜力远高于俄罗斯。

俄罗斯的石油开采主要集中在6家最大的石油公司：俄罗斯石油公司、卢克石油、苏尔古特油气、俄罗斯天然气公司石油公司、塔特石油和巴什石油。其中的领军公司是俄罗斯石油公司，最近5年的年开采量在1.9亿吨上下。之后是开采量低一半还多的卢克石油（约8500万吨）。卢克石油近年来的开采量也因西西伯利亚油田产量降低而下降。里海大陆架石油开采量的增长在一定程度上起到了补偿作用。开采量增长最快的是俄罗斯天然气公司石油公司。该公司开采量增长的原因是在亚马尔·涅涅茨自治区的油田以及在伯朝拉海的普里拉兹洛姆油田开始进行开采。

石油需求量方面，俄罗斯居世界第五位，石油需求量占世界总需求量的3.8%。需求量领先的是美国（约10亿吨）和中国（约6亿吨）。石油需求量与俄罗斯相近的国家有日本、印度、沙特阿拉伯和巴西。

俄罗斯的石油加工能力稳居世界第四位，而且近15年俄罗斯的石油加工能力稳步增长，这得益于炼油厂建设和改造项目的实施。石油加工领域的领军者是美国、中国和欧盟国家，其中近15年来中国的石油加工能力大幅提升，美国的提升幅度不大，欧盟国家则持续下降。近年来俄罗斯的石油加工产能占世界总产能的比例稳定在6.6%左右。

俄罗斯统计局数据表明，2016年俄罗斯的炼油厂共加工石油2.852亿吨。自2014年起石油加工量呈下降趋势，原因是税收法律的变化（实行"大型税收调控"）与俄罗斯企业石油深加工量的提升。

自2011年起俄罗斯石油深加工比例呈明显上升趋势。2016年石油深加工比例达到79.2%，比2015年增加4.9个百分点。这是基于俄罗斯炼油厂现代化项目实施以及深加工（氢化裂解与催化裂解）综合体投产而产生的新趋势。

俄罗斯主要石油产品产量方面，目前汽车用汽油年产4000万吨、柴油年产7600万吨、锅炉燃油5600万吨。自2000年起，这三种主要石油产品的产量呈上升趋势。但是，2014年锅炉燃料油产量明显下降（比2016年下降20.3%），这是由于出口关税逐步提高导致其出口下降。

近年来生态等级为5级的发动机燃油产量也呈明显上升趋势：汽油上涨93%，柴油上涨85%。这是因为自2017年起开始禁止交易生态等级为4级的发动机燃油。俄罗斯使用更加清洁的生态能源的日期一拖再拖，原因有很多，俄罗斯炼油厂准备不足就是其中之一。

如前文所述，俄罗斯开采的原油中有近一半用于出口。总体而言，近几十年来出口量达到2.5亿吨。几乎所有的原油（超过90%）销往远邻国家。石油产品出口方面，95%的石油产品出口到远邻国家。销往经济合作与发展组织的所有石油产品（约7500万吨）中，66%为重油和柴油燃料。近年来在经济合作与发展组织国家的石油产品进口贸易中，俄罗斯的份额约占13%。

俄罗斯还进行石油产品的批发交易。2016年圣彼得堡国际商品原料交易所总贸易额5420亿卢布，共售出1700万吨石油产品，成交次数12万次。石油产品批发市场的主要参与者一直是俄罗斯石油公司（2016年总交易额的36.5%）、俄罗斯天然气公司石油公司（15.4%）、卢克石油（13.4%）和俄罗斯天然气公司（10.9%）。

石油行业的发展与对其投资直接相关。目前70%的投资用于原油开采，30%用于石油产品生产及石油的管道运输。自

2014年起石油产品生产领域投资呈下降趋势。专家表示，这与西方对俄罗斯燃料能源综合体的制裁以及以亿美元计算的购买炼油厂升级所必需设备的费用上升有关。

目前石油行业面临着一系列的挑战和威胁，这些问题并不总是取决于政府的工作效率。其中一个问题就是世界市场的油价浮动大。多年实践表明，即便短期预测专家的推断都难保准确，国际组织为保障石油出口商和进口商的利益平衡所做的努力也效果有限。对俄罗斯而言唯一正确的途径是降低经济对石油行业收入的依赖程度。

另一个客观上的挑战是因为现有油田开采程度高而导致的开采成本上升，需要开发难开采油田，（包括在北极大陆架地区）寻找新油田。因此从中期远景来看，可以预见的是大储量开发时纵向整合的结构仍将保留，并且参与难开采、利润低的油田作业的中小油气企业的地位将逐步提升。

由于受到西方制裁，目前石油行业发展正在经历一些暂时性的困难。这些困难涉及获得用于北极深水及页岩油田开发的高新技术，以及获得实施相应投资的资金。

面临上述挑战，需要完成以下任务。

第一，至少要保证目前的石油开采量。这样可以保障国内需求，履行出口合同，确保炼油厂载荷。

第二，必须利用国内先进的新生产技术实现石油行业现代化。俄罗斯至2025年能源战略中包含以下目标：

（1）石油开采率从28%提升至40%；

（2）石油开采总量中难开采石油资源占比达到17%；

（3）油田伴生气利用率不低于95%；

（4）石油深加工生产高生态等级发动机燃油的比例从74%提升至90%—91%；

（5）轻质石油产品出产率从58.6%提升至70%—79%。

上述目标的实现也符合2011年开始的炼油厂现代化项目，

该项目预计投产135处石油二次加工厂,总产能1.3亿吨。

第三,需要依托先进新技术建设石油及其产品输送管网。尤其是将"东西伯利亚—太平洋"输油管道运力提升至8000万吨,连接共青城炼油厂,新输油管线"极地—普尔佩""库尤姆巴—泰舍特"投入使用,以及总运力1100万吨的"南方"石油产品输送管线。"北方"石油产品输送管线的运力要提升至2500万吨。

另一个任务是石油产品出口多元化。主要方向是扩大对亚太国家的石油及石油产品出口,东西伯利亚和远东地区的高限度生产也会助力这一过程。

第四,要不断完善油气领域的财政体系,使其既符合国家预算,又能兼顾未来高科技条件下的生产发展。

(三) 俄罗斯天然气产业发展概况

在俄罗斯能源燃料体系中天然气占据着核心地位,因此天然气行业的发展很大程度上决定着俄罗斯的能源安全。目前俄罗斯的天然气储量约32万亿立方米,居世界第二位,仅稍逊于伊朗,排在俄罗斯后面的分别是卡塔尔、土库曼斯坦、美国、沙特阿拉伯、阿联酋、委内瑞拉和中国。同时,随着伊朗、土库曼斯坦和美国发现新气田,俄罗斯在世界天然气储量中所占比例逐渐下降。2000年时俄罗斯的比例为22%,目前下降至17%。这一趋势仍有持续的可能。

俄罗斯的天然气开采量同样居世界第二位。自2005年起俄罗斯的天然气年开采量稳定在6000亿立方米左右。位居榜首的美国近年来开采量不断上升,达到8000亿立方米。开采量排在俄罗斯之后的国家有伊朗、卡塔尔、加拿大、中国和挪威。自2005年至今,上述国家(除加拿大和挪威)的天然气开采量同样呈明显上升趋势。鉴于以上趋势,这一阶段俄罗斯在世界天然气开采量中的比例从21%降至18.1%①。

俄罗斯的天然气需求量居世界第三位,自2005年起天然气年需求量稳定在4000亿立方米。需求量居世界第一的是美国,其天然气的年需求量与产量基本持平;居第二位的是经济合作与发展组织国家及欧盟国家,其需求量超过4000亿立方米;排在俄罗斯之后的中国、伊朗、日本和沙特阿拉伯,这些国家的天然气需求量还在增长。因此,自2005年至今,世界天然气需求量中俄罗斯的占比从14.5%降至11%。

俄罗斯的天然气出口量(2016年年出口量2042亿立方米)稳居榜首。其后是卡塔尔(1192亿立方米)、挪威(1055亿立方米)、加拿大(744亿立方米)、荷兰(559亿立方米)、美国(496亿立方米)和阿尔及利亚(460亿立方米)。

俄罗斯最大的几个气田位于西西伯利亚石油产区、东西伯利亚(科维特卡气田)、远东(恰扬达气田)和北极大陆架(什托克曼气田)。俄罗斯欧洲部分的主要气田是奥伦堡气田和阿斯特拉罕气田。天然气储量最大的气田是乌连戈气田(截至2015年1月1日储量为53330亿立方米)、博瓦年科沃气田(43040亿立方米)、什托克曼气田(39390亿立方米)、扬堡气田(31090亿立方米)、阿斯特拉罕气田(30870亿立方米)和扎波里亚尔气田(32530亿立方米)。

俄罗斯天然气开采量中约80%来自亚马尔—涅涅茨自治区的纳迪姆—普尔地区。该地区的三大气田——扎波里亚尔气田、乌连戈气田和扬堡气田——的开采量约占俄罗斯总开采量的40%(截至2015年1月1日开采量为2462亿立方米)。为保证长期积极开采,上述气田的开采量将降低。

2012年,亚马尔地区新气田投产,其未来开采量可能达到

---

① По данным ТАСС. URL: https://tass.ru. (дата обращения: 10.06.2018).

1400亿立方米。

与气田开发紧密相关的是天然气的运输问题。完善输气系统可以解决满足国内外对天然气需求的问题。新的输气系统包括：

（1）"博瓦年科沃—乌赫塔"一期和二期配气系统的建成保障了亚马尔半岛的天然气资源进入全国统一供气体系；

（2）远东地区的"萨哈林—哈巴罗夫斯克—符拉迪沃斯托克"输气系统建成，"西伯利亚力量""西伯利亚力量2号"输气管道正在建设中；

（3）乌连戈输气枢纽及"秋明北—托尔若克"输气管道扩建项目完成；

（4）欧洲方向正在进行"土耳其线"和"北线2号"输气体系的扩建工作。

现有数据显示，2017年开采天然气和油田伴生气的企业共有268家，其中85家属于纵向一体化石油公司；16家属于俄罗斯天然气公司；5家属于诺瓦泰克公司；159家独立公司，3家产品分成协议企业。占据领先地位的依然是俄罗斯天然气公司。近年来该公司的开采量稳定在4000亿立方米左右，占俄罗斯总开采量的比例超过60%。第二位的是诺瓦泰克公司，年开采量约500亿立方米。

纵向一体化石油公司中，"北极天然气"公司（俄罗斯天然气公司石油公司和诺瓦泰克公司的合资企业）飞速发展，在天然气开采领域占据第三位，超过了卢克石油公司、俄罗斯天然气公司石油公司、苏尔古特油气公司等著名企业。

俄罗斯的天然气需求量中几乎有一半用于电能和热能的生产，另有不到四分之一的天然气用于工业生产，天然气还应用在住宅公共事业及其他领域。

俄罗斯的天然气汽化水平接近70%，这一进程的发展速度的确较慢，这与消费者对天然气的需求以及俄罗斯联邦主体对接收天然气的准备不足有关。近年来每年对天然气化的投资在250亿—340亿卢布间浮动。

长期以来俄罗斯的液化天然气生产都集中在萨哈林的一家工厂。液化天然气最大年产量约1100万吨或约150亿立方米。2017年年底，亚马尔地区一家设计产能1650万吨（第一条生产线550万吨）的工厂投产（"亚马尔液化天然气"项目）。未来俄罗斯天然气公司计划在列宁格勒州开设液化天然气生产厂（"波罗的海液化天然气"项目）。近期俄罗斯生产的液化天然气有70%—80%出口至日本，20%—25%出口至韩国，剩下的出口至中国台湾地区和中国大陆。随着新工厂的投产，液化天然气的出口范围将明显扩大。

亚马尔地区液化天然气项目投产之后，液化天然气生产加速发展项目也在筹备中。该项目计划在天然气液化厂推广俄罗斯国产设备，健全技术标准和法规体系。此外，俄罗斯还将开辟北方航线，建造保障液化天然气运输船顺利通航的破冰船队。俄罗斯能源部估计，到2035年俄罗斯在世界液化天然气市场的份额将从目前的4%上升至15%—20%[①]。

自2000年以来，俄罗斯天然气（含液化天然气）出口的地区结构没有明显变化。半数以上的俄罗斯出口天然气销往德国、土耳其、意大利和白俄罗斯四国。2011年起，乌克兰停止从俄罗斯直接进口天然气，转而从一些欧洲国家进口。从中期远景来看，欧洲方向的天然气出口将逐渐减少，对亚洲国家的天然气出口将增加。目前，俄罗斯对东方国家天然气出口的比例只占7%。俄罗斯未来对欧洲市场的天然气出口将维持在现有水平到增加30%的区间，对亚洲市场天然气出口将增长4—8倍。

整体而言，俄罗斯天然气行业面临的威胁和挑战与石油行

---

① URL：https：//www.kommersant.ru/doc/3503471. -Дата публикации：22.12.2017.

业类似，面临以下风险：

（1）随着液化天然气市场的发展，世界天然气市场的竞争愈加激烈；

（2）由于现有气田资源枯竭与新气田位置偏远，开采和运输费用上升；

（3）由政治原因等导致的俄罗斯天然气进口国的需求量下降或上升速度放缓；

（4）俄罗斯油气公司在技术设备等方面受到限制。

为了应对这些威胁与挑战，需要完成以下任务：

（1）利用国产技术设备开发有经济效益的包括大陆架在内的传统和新型气田；

（2）统一供气体系的现代化，提升其产能；

（3）保障复杂成分原料的深加工，将俄罗斯产的氦气推向国际市场；

（4）出口多样化；

（5）刺激对燃料用途的天然气的需求，其目前在俄罗斯市场的份额仅约2%。

天然气行业还面临着一个至今没有找到解决方案的问题，其在俄罗斯能源战略中也得到了重视。能源战略指出，必须保障俄罗斯天然气公司内部各类垄断业务，包括生产和投资过程的透明性。要坚定不移地保持管道天然气的统一出口，同时可以通过天然气统一出口通道出口独立生产商的产品。这涉及的是俄罗斯天然气公司和其他天然气生产商间的关系。问题在于，天然气行业是少有的几个在苏联解体之后没有发生明显变革的垄断行业之一。总体而言，这可以保证本行业的可控性，既能对内解决社会问题，又能对外履行责任义务，还能保证预算收入。

随着时间的推移，天然气市场上除了俄罗斯天然气公司外还出现了诺瓦泰克公司、俄罗斯石油公司等大企业。在行业发展的关键问题上，这些企业的立场产生了严重的分歧，主要有三点：将输气体系管辖权从俄罗斯天然气公司剥离、管道输气出口自由化、价格问题。俄罗斯天然气公司认为，脱离统一出口通道将导致境外天然气价格下降，使国家收入减少，或将导致俄罗斯天然气公司的投资项目缩水，其中也包括独立公司不予投资的领域。

俄罗斯天然气公司负责国家的能源安全、保障用户供气、确保俄罗斯统一供气系统无故障运行，其任务是通过输气管道将天然气输送至俄罗斯天然气公司已有的基础设施。其他独立生产商有机会在更有利的条件下以自由价格向用户、通常是向高收入地区和距离开采区不远的地区出售天然气。俄罗斯天然气公司在干线输气费收入和向条件好的地区售气收入减少的情况下，将难以补偿由向全民供气及向远离开采区的地区供气所承担的损失。

其他独立公司认为，俄罗斯天然气公司提高输气费用，并以此补偿其天然气出口运输费用。另外，俄罗斯天然气公司在地下储气库方面也有优势。俄罗斯天然气公司不顾其他公司利益，只在自己公司修建地下储气库。欧盟的反垄断政策不允许俄罗斯天然气公司扩大在欧市场份额。同时，该公司还有可能通过降低产量（年产量至2030年降至700亿立方米）的方式摆脱对该地区的依赖。这一目标也可以通过独立生产商来实现。由于除了俄罗斯天然气公司之外还出现了几家极具潜力的大公司，本领域的竞争还将激化，而利益如何平衡将取决于国家元首的立场。

（四）俄罗斯煤炭产业发展概况

俄罗斯煤炭业发展前景良好，因为已探明及预计的煤炭储量巨大。与石油天然气不同，按当前开采量计算，煤炭资源还可以开采600年。煤炭是俄罗斯燃料能源综合体中首批进行市场化的行业。产品的生产和分配由私企进行，资金支持则依靠自有资金和吸引投资。

俄罗斯的煤炭储量居世界第二位（约占世界储量的17.6%），落后于美国（26.6%）。排在俄罗斯之后的是中国（12.8%）、澳大利亚（8.6%）、印度（6.8%）、德国（4.5%）和乌克兰（3.8%）。俄罗斯的煤炭开采量居世界第6位，开采量占世界的4.5%。2018年煤炭年开采量4.4亿吨[①]，煤炭开采量领先的是中国和美国，之后是印度、澳大利亚和印度尼西亚。近年来除中美两国的开采量下降外，其他国家的开采量均有上升。

俄罗斯境内共有采矿区22处，独立煤田130处。同时煤炭储量的地理分布并不均匀，超过三分之二的储量集中在两大采矿区——坎斯克—阿钦斯克褐煤采矿区（克拉斯诺亚尔斯克边疆区和克麦罗沃州）和库兹涅茨克石炭采矿区（克麦罗沃州），排在之后的是伊尔库茨克采矿区（总储量的4%）、伯朝拉采矿区（4%）、顿涅茨克采矿区（3%）、南雅库茨克采矿区（3%）和米努新斯克采矿区（2%）。

煤炭开采量最大的是库兹涅茨克采矿区（接近总开采量的60%），之后是坎斯克—阿钦斯克采矿区、伯朝拉采矿区和顿涅茨克采矿区。近年来库兹涅茨克采矿区的开采量呈明显上升趋势，其他采矿区的开采量或趋于平稳或稍有下降。值得一提的还有，超过70%的煤炭为露天开采，近30%的为地下开采。开采方法不同导致煤炭价格差别较大，更为经济的露天开采矿产量增加较多。共有7个联邦区进行煤炭开采，其中西伯利亚联邦区开采量占总开采量的85%，远东联邦区的煤炭开采主要集

---

① По данным Росстата. URL: http://www.gks.ru（дата обращения 15.07.2018）.

中在雅库特（约40%），西北联邦区主要在科米共和国（3%）。

2017年年初数据显示，俄罗斯煤炭企业共181家，其中有66家地下煤矿，115家露天煤矿，总产能4.12亿吨。煤炭生产呈集中化趋势。超过70%的煤炭开采由平均产能160万吨的地下煤矿和平均产能300万吨的地上煤矿完成。煤炭行业在进行不断的改造。俄罗斯1992—2013年关闭了188家地下煤矿和15家露天煤矿，清理了5000多千米矿山巷道，还田56.28万公顷。

俄罗斯主要开采石炭煤，开采量占总量的80%。几乎所有的焦煤（主要在库兹涅茨克采矿区开采）都要经过选矿。选矿厂总加工量超过1.8亿吨。分析从2000年起对煤炭领域的投资可以发现，投资总量与国内经济形势相关：最近两次经济危机期间煤炭领域投资骤降；经济增长期间投资则有所提升，投资的浮动范围为450亿—1400亿卢布。代表俄罗斯煤炭业的是几家大型采煤公司，其中前五强分别是：西伯利亚煤炭能源公司、库兹巴斯露天采煤公司、西伯利亚商业联盟煤业、梅切尔采矿公司及耶弗拉兹集团。上述公司的开采量占总开采量的60%。西伯利亚煤炭能源公司年开采量约1亿吨，比排在第二的库兹巴斯露天采煤公司高出一倍多。排在前十位的企业还有俄罗斯煤业、东西伯利亚煤业、库兹巴斯燃料公司、西伯利亚煤炭控股公司、东方煤业。

俄罗斯的煤炭使用量居世界第五，落后于中国、印度、美国和德国。目前俄罗斯的煤炭需求量在世界总需求量中占比不足3%。近年来国内煤炭供应量呈下降趋势，这是因为在能源消耗大的地方用天然气代替了煤炭，住宅公用事业也开始进行天然气化。煤炭需求量和焦化工企业数量都在减少。煤炭需求量的40%—55%用于发电、20%用于炼焦、10%做民用。煤炭的其他消费领域包括冶金、水泥生产、俄罗斯铁路等。

近十年来的煤价变化呈现出以下趋势。俄罗斯国内市场煤价趋于平稳，略有上升；焦炭价格浮动性较大，随经济发展形势而变化：在经济增长时价格上涨，经济危机时价格下跌。自2011年起国际市场的煤炭和焦炭出口价格持续下跌，导致降价的原因有：持续性供大于求；美元坚挺，支持煤炭出口国向国际市场供货的本国货币贬值；国际市场能源及原料商品价格下降；中国经济调整，因中国政府采取稳定国内市场的措施（征收进口税）以及主要的煤炭消耗区生态环境改善（限制进口煤炭质量）而导致中国煤炭产品进口量下降；欧洲及亚太地区国家经济增速放缓；澳大利亚、印度尼西亚、南非及哥伦比亚出口的煤炭数量上升；可再生能源（风能、太阳能、生物质能）发电规模扩大。

俄罗斯煤炭出口的地区结构相对稳定：约45%的煤炭出口至几个最大的伙伴国——韩国、日本和中国。此外还包括土耳其、英国、乌克兰、英国、荷兰和中国台湾。出口煤炭中石炭占98%，褐煤占2%。同时，俄罗斯还从哈萨克斯坦进口能源用煤。由于之前的经济合作关系，俄罗斯还从乌克兰进口煤炭。

专家指出，俄罗斯煤炭行业的发展面临着内部问题和系统性问题。内部问题中首先是地下开采的比重上升，而且是在条件不便的山地进行开采。煤矿的煤层作业深度不断增加，至2012年已接近441米。其次是超过90%的作业煤层存在一个或多个爆炸危险因素，这使得事故发生概率较高。最后是很多采矿区还存在大量需要去除的低效产能，安置居民及还田都需要额外的开销。另外，由于采矿行业的社会地位下降，目前面临着人才队伍老化、各层次专业人才缺乏的问题。系统性问题包括能源用煤内需减少，因为煤炭很难在能源及住宅公用事业领域与天然气媲美。新采煤区的基础设施不够发达，需要建设公路、铁路、桥梁、变电站和职工住宅区。东部还面临着一个严重问题，即铁路网不够发达，包括贝加尔—阿穆尔铁路干线运力不足，通向俄罗斯西北部及南部各港口的铁路仍存在"滞点",跨西伯利亚铁路干线也需要扩建。煤炭行业对技术设备进口的依赖性较高。现有数据显示,至2012年技术设备进口比例已达50%,采煤机、装载机和技术车辆的进口比例尤其高。因此发展国产煤炭机械,进行进口替代迫在眉睫。

为应对上述问题和挑战,2014年6月21日颁布了第1099-p号俄联邦政府令——俄罗斯煤炭行业至2030年发展项目。该项目计划在2014—2030年投资50145.7亿卢布,其中联邦预算投资2818.1亿卢布。项目由6个子项目组成。几乎所有的资金都划拨给了两个子项目:一个是"发展国内煤炭市场,巩固俄罗斯在国际煤炭市场上的地位"(25848亿卢布);另一个是"依靠煤炭工业现代化开发生产潜能,完成已有开采区改建,兴建新开采区"(20717.5亿卢布)。

该项目投资中预算投资占比为5.6%。由此可见,主要的资金负担由公司本身承担。在评估投资时,可以按照既定程序向某些煤炭企业提供(包括地区层面的)优惠税收政策。实施该项目的预期结果是:确保煤炭储量年平均增长5.3亿吨,其中焦炭储量增长1.05亿吨。项目实施末期投产新的现代化产能达到5.05亿吨,去除低效产能3.72亿吨,关停亏损企业。项目实施期间煤炭出口量在煤炭产量中占比计划从38.7%升至49.4%,煤炭码头及煤港吞吐量从6900万吨升至2.3亿吨,事故发生频率至少下降30%。

煤炭行业发展的量化指标方面,该计划制订了两种发展前景。第一种方案是,煤炭开采量不超过4.1亿吨,导致这种情况的原因是油气价格比低以及基础设施限制。第二种是乐观估计,煤炭开采量将达到4.8亿吨。这种情况下,大西洋市场的煤炭需求量上升,俄罗斯在亚太煤炭市场的份额也将从5.9%升至13%。同时备受期待的还有中俄成功开展经济合作,共同开发三处煤田。其中两处在阿穆尔州(叶尔科维茨煤田和奥格扎煤田);另一处是位于外贝加尔的奇科伊盆地。

（五）俄罗斯电力及热力产业发展概况

电力领域自苏联政权建立初期（国家电气化委员会）至今一直备受重视。俄罗斯2001年开始了电力领域改革计划，旨在根据业务种类将该领域划分为发电、干线网输电、低载荷网配电及销售几个部分。国家在发电领域的参与度明显降低，但继续对电能分配进行控制，同时也确保参与输电。这样一来，电力领域出现了第一批适应市场化环境的垄断行业。

目前，俄罗斯电力综合体中共有5兆瓦以上电站700余座，2017年年初电力系统总产能2363.4亿瓦，包含独立电力系统的总产能为2441亿瓦。独立系统包括楚科奇自治区、堪察加、萨哈林和马加丹州电力系统中的发电区；萨哈（雅库特）共和国中部及北部的诺里尔—泰梅尔发电区及尼古拉耶夫发电区。俄罗斯电网共有10700条载荷为110—115千伏的输电线。俄罗斯电力系统中有7个子系统：中央电力系统、中伏尔加电力系统、乌拉尔电力系统、西北电力系统、南部电力系统、西伯利亚电力系统和东部电力系统。2017年俄罗斯总发电量为10730亿千瓦时，产量分布情况为：欧洲及乌拉尔能源区8076亿千瓦时；南部能源区990亿千瓦时；西伯利亚能源区2154亿千瓦时；东部能源区489亿千瓦时；独立能源区121亿千瓦时。近十年来的大型项目包括博古恰内国营电站建设项目、尼亚甘国营地区电站项目、萨亚诺—舒申国营电站修复项目、刻赤海峡至克里米亚800兆瓦电桥建设项目。

如果说克里米亚半岛修建电站以及输电走廊的投入使用使本地区的供电问题得到解决，现在及未来问题最严重的地区则是远东。与其他地区不同，远东地区电力行业市场化程度较低，电力系统联络受限。该地区必须保证北方的电力输送，需要获得电力发展补贴。

鉴于东线的发展特点，俄罗斯计划到2035年使远东联邦区的电力需求增长三分之二，达到755亿千瓦时①。首先要考虑到的项目包括巴姆铁路及跨西伯利亚铁路电气化、"西伯利亚力量"电力保障项目、"星星"造船厂及航天发射场电力供应等。尤其值得一提的是俄罗斯天然气公司电力控股公司建设、"西伯利亚力量"160兆瓦火电站建设以及俄罗斯水利公司在本地区新建四座火电站项目。为了给未来发展提供动力，计划将现行的为期7年的远东联邦区电力税调整政策至少延长3年。比利宾核电站停产后，计划在佩韦克市建设70兆瓦漂浮式热核电站。按照电站种类划分，目前俄罗斯电力行业的结构为：火电站58.6%；水电站17%；核电站18.7%；风电站0.013%；太阳能电站0.045%。②

由此可见，俄罗斯电力行业的基础是火电，在全部电能中的占比达到近60%。水电和核电的比例基本持平。企业自发电的比例相对较高，其原因是长期以来电力税及入网费用高昂。对很多企业而言，自建发电站更为划算。

根据能源战略，未来计划继续增加核电站发电量。至2035年，核电站计划发电量增长1.3—1.4倍，同时计划拆除苏联时期建造的发电机组。核电发展面临的主要问题有：核电站设备费用高昂；必须保证辐射安全，并根据愈加严苛的生态要求利用核燃料。核电发展的主要方向应该是建设快中子封闭核循环的新核电技术平台。按计划，这一阶段俄罗斯核技术的出口潜力将大幅提高，俄将在境外建设核电站。俄罗斯与印度、伊朗、中国的合作仍将继续。俄罗斯计划在白俄罗斯、孟加拉国、土耳其、芬兰及其他国家修建核电站。

---

① URL：https：//www.kommersant.ru/doc/3503471. -Дата публикации 22.12.2017.

② По данным ЕЭС России. URL：https：//www.so-ups.ru（дата обращения：17.07.2019）.

从以上数据可见，俄罗斯电力系统中可再生能源发电的比例微乎其微。但借助已有项目，俄罗斯在太阳能转化电能方面取得了一定的成功，已经在生产光电元件、高效电池（有效系数大于20%）、个人及商用沼气装置及功率为数百瓦至数十千瓦的风电站。地区电力系统中本地发电材料（农林业废料、固体生活废料）的比例较低，这一点是不合适的。利用可再生能源发电面临的主要问题是，与集中供电系统相比，目前它们的经济竞争力还比较低。利用可再生能源发电在孤立和偏远地区有较好的发展前景，同时也可作为备用供电系统，以提升可靠性。因此，根据能源战略，至2035年可再生能源发电量或将增长20倍以上，达到29—46千瓦时。

原则上讲，俄罗斯南部（克里米亚、克拉斯诺达尔边疆区、罗斯托夫州）适合太阳能发电，北部和南部适合风力发电。此外，滨海边疆区乃至整个远东地区都有着巨大的风力发电潜力。滨海边疆区和哈巴罗夫斯克边疆区的太阳能发电前景也很广阔。经2014年4月15日通过（2017年12月30日修改）的第321号俄联邦政府令批准的国家计划"电力效率与电力发展"中也涉及了可再生能源发电的发展问题，载于6号子项目"发展可再生能源发电"。该项目计划自2013年1月1日至2020年12月31日从预算中拨款1.57亿卢布。预计通过实施该项目，利用可再生能源发电装置的发电量将上升，俄罗斯的总发电量将增加0.39%。

参与功率输出合同项目也可以促进可再生能源发电的发展。在产能供给合同的条件下能提供15年资金流保障，年投资收益率12%。投资方建设电站，管理方在确保功率利用效率的情况下为投资方提供支付保障（功率使用费）。

2017年俄罗斯能源部规定：太阳能电站每1千瓦装机功率将向投资人补贴10.95万卢布，风电每千瓦装机功率10.3万卢布，水电每千瓦装机功率16.3万卢布。从以上数据可知，太阳能发电和风力发电每千瓦装机功率比传统水力发电要低。但通常还要考虑装机功率的利用效率。太阳能发电的利用效率不超过10%，风力发电约为20%，而水力发电为40%。因此在装机功率相同的情况下，水力发电产生的电能平均是太阳能发电的4倍。

俄罗斯可再生能源发电项目的发展严重依赖技术进口。目前俄罗斯风力发电领域的领军企业是富腾工程有限公司，2017年，富腾工程有限公司和俄罗斯纳米技术集团共同设立的风电发展投资基金获准在2018—2022年建设1000兆瓦风力发电项目。

太阳能电池生产方面，俄罗斯的领军企业是Hevel集团，设计功率为160兆瓦（中国太阳能电池生产企业的设计功率为1000兆瓦）。除了楚瓦什外，该公司在新切博萨尔斯克还有一座功率为100兆瓦的太阳能电站。

尽管太阳能发电和风力发电有一些成功的案例，但俄罗斯的太阳能发电和风电还处在起步阶段，未来的前景将受很多因素影响。

俄罗斯的电能出口与其他国家电力系统的协同工作紧密相关。与俄罗斯统一电力系统合作的还有白俄罗斯、爱沙尼亚、拉脱维亚和蒙古的电力系统。俄罗斯电能有机会通过哈萨克斯坦电力系统进入乌兹别克斯坦和吉尔吉斯斯坦市场，同时还有机会经过乌克兰进入摩尔多瓦市场。通过直流变电装置还有机会进入芬兰、挪威和中国市场。现有数据显示，2017年俄罗斯出口电能203亿千瓦时，其中向独联体国家出口72亿千瓦时，向其他国家出口131亿千瓦时。

2000—2014年，对电力生产、运输和分配的投资不断增长，已从6050亿卢布增长至8660亿卢布。2014年后由于市场上产能过剩，投资额开始出现下降趋势。

电力市场的定价体系十分复杂。电价最高的是农业及非工业用电平均名义价格，最低的是交通企业用电价格。工业用电及民用电的价格基本相同，但自2013年起民用电价格呈上升趋势（按固定价格），且价格差逐渐增大。2018年年初工业用电达到每千瓦时4卢布，俄罗斯中央区的某些地区甚至达到每千瓦时5.5卢布或每千瓦时10美分。美国的工业用电电价为每千瓦时6—8美分，中国为每千瓦时4.5—7.5美分。电价上涨的原因是存在各种补贴：可再生能源发电补贴、垃圾焚烧厂补贴、对未进入统一电力系统的国营电站的补贴、新建核电站补贴、强制生产补贴、用于关停北高加索欠费电站的补贴。电能成本的升高降低了总体上的经济竞争力。据俄罗斯科学院能源研究所计算，电价每下降10%，国内生产总值将上涨0.3%—0.5%。

电力领域面临着以下现实问题：

（1）停用低效能老旧设备，新建一定数量的以国产技术设备为技术基础的新产能；

（2）缩减某些领域（燃气涡轮、变压器等）进口设备的使用比例，此举能巩固国家的能源安全。

（3）发展统一电力系统，逐步吸纳独立电力系统，将电力系统整合入欧亚经济联盟统一经济空间，未来有望扩大电能出口。

鉴于当前的资源储备，俄罗斯燃料能源综合体有望保持甚至巩固在国际能源市场中的地位。2035年前世界能源主流依然是含碳能源，发电的基础依然是基于传统电站（火电、核电、水电）的现有供电体系，可再生能源发电（太阳能电站、风力发电站）的比例将逐步增加。当前的对外经济发展趋势下，东向发展的地位不断提升，这样需要大规模投资。同时还要对燃料能源综合体的各个部分进行修正，包括石油、天然气、煤炭、电能、核能、可再生能源。

二　俄罗斯能源公司的发展

20世纪90年代俄罗斯深陷经济危机，由高度计划经济体制向市场经济体制过渡。在这种大转折背景下，寻求国家燃料能源综合企业重组改革的方式和方法变得尤为迫切。业内精英经过激烈的讨论之后达成共识，即国家控制能源市场并不是目的，而是一种实现新能源政策的手段。改革的重点任务是建立经济独立的能源市场主体。

在实施改革过程中，政府努力提高燃料能源综合企业的效率，减少改革对国计民生的负面影响。经过分析能源产业改革的国际经验，政府制定了改革方针，即在将燃料动力综合体管理权力下放的同时，保持国家对战略基础设施综合企业的控制。根据该方针，统一的电力和天然气供应系统转变为国家控股公司，由联邦和地区机构部分控股。地方能源系统，燃料能源综合体的其他分支企业实行股份制，在优先保证国家控股的前提下，积极引入私人资本。国家计划鼓励建立一体化的跨行业和区域机制。在石油行业拟建立8—12家大公司，可与外国公司形成竞争，并制衡产业垄断。燃料和能源部摆脱了经济职能限制，开始集中力量制定和执行国家能源政策。可以确定，建立能源市场竞争主体的方向将继续从非垄断转向自然垄断的能源部门。

俄罗斯燃料能源综合体改革的一个显著特点是各能源部门转型的非同时性：1992—1996年石油工业；1994—1997年煤炭工业；1997年天然气工业改革的第一次尝试；2002—2005年电

力部门的重大改革。在实践中,许多初步方案得到了顺利落实,但是受到众多内外因素影响,能源市场形成了与初步设想不同的结构,能源公司成为能源市场的主体。

(一) 俄罗斯石油公司的发展

在该行业进行重组和改革的原因是:该行业深陷严重投资危机,危机第一阶段早在1984—1986年就已出现;从石油及石油产品出口的角度来看,该行业有很高的开放程度;相对分散的组织结构(与其他燃料能源综合企业相比)。石油工业的重组和改革有:成立一系列纵向一体化公司(VINK);现有公司实行股份制;股份制公司私有化。

20世纪90年代初,石油行业处境艰难,许多项目叫停,石油开采率下降。根据1992年11月17日第1403号关于石油工业私有化的俄罗斯联邦总统令,石油行业开始大规模改革,在石油综合体中施行专项私有化方案,形成了国家持有控股权的大型纵向一体化公司,同时建立了专门的国有企业——俄罗斯石油公司,从而保持了国家对石油行业控制能力。

1992年,成立了一系列大型公司,比如"卢克石油公司""苏尔古特石油天然气公司"、尤科斯石油公司、"俄罗斯石油公司"(当时是一个"软"控股公司,只集中了国家已有的剩余股份)和地区公司"鞑靼自治共和国石油工业联合公司"。在下一阶段的私有化过程中,还成立了一批公司,它们成立不久就被更成功的前一批企业完全或部分兼并。这样,就形成了一些私营的纵向一体化公司,从事与石油和石油产品的储备、开采、加工和销售有关的一系列工作。100%国有的上市公司"石油运输股份公司"和"石油产品运输股份公司"负责石油及石油产品的运输,进行垄断性经营。

石油工业私有化的主要成果是建立起了具有竞争力的部门,

而整个行业的复苏得益于国家的帮助以及世界银行的贷款。所有的石油公司都接受了世界银行的第一笔贷款，但是大多数都拒绝接受第二笔贷款，选择了依靠自身力量发展。石油公司逐渐变得多样化、国际化，这也有助于增加市值，增强发展的可持续性并吸引投资。实行私有化之后，该行业不仅摆脱了危机，而且在私有化过程中产生的私营企业成功展现了进入国际市场并有效开展工作的能力。

俄罗斯纵向一体化石油公司（VINK）的一个重要特点是国家参与度非常高。这不仅因为国家参股和参与公司管理，还因为俄罗斯公司的天然属性。实际上，它们所有的资产几乎都是国家买单。俄罗斯纵向一体化公司的另一个特点是公司人员构成中勘探机构人员很少而钻探机构人员很多。西方公司在这方面的情况正好相反。这似乎是由于俄罗斯联邦地质与矿产开发委员会的企业没有充分参与到石油工业的重组中。除了上述提到的特点，与国外石油公司相比，俄罗斯的石油公司还有以下特点。

（1）严格关注技术闭环的完整性和完成度——"从钻井到油泵"。大多数大型持股公司积极发展技术链，特别是在该公司具有地域扩张前景的经营区域。

（2）不久之前属于政府和一系列部门特别职权范围的职能被赋予石油公司：石油出口和石油天然气田的开发。公司拥有大型高产石油天然气产地，吸引国内外投资者，从而影响了公司股票的市场报价，增加了市值。

（3）国家有权确定外资在法定资本中所占份额。外资份额在众多公司中受严格限制。

第一批石油公司是在西伯利亚公司的基础上成立的。

（1）卢克石油公司是在三个生产公司的基础上成立的，即兰格帕斯石油天然气公司、乌拉伊石油天然气公司、科加雷姆石油产品公司。随后佩尔姆、伏尔加格勒和乌赫塔的炼油厂也加入该石油公司。目前，这家私营石油公司是俄罗斯最大的石油公司之一，同时跻身世界前十。

（2）"尤科斯"石油公司，是在兰格帕斯石油天然气公司和库伊比舍沃格公司合并而成的库伊比舍沃格辛泰斯公司的基础上形成的，之后还加入了萨马拉石油产品公司。

（3）苏尔古特石油天然气公司是在基里希的"苏尔古特石油天然气"生产企业和石油加工厂的基础上创建的。

最初阶段成立的大型公司还有：秋明石油公司、西伯利亚石油公司、鞑靼石油公司、巴什基尔石油公司、俄罗斯石油公司，等等。

1995年确定了国家在石油公司管理层的控股权之后，成立石油公司的第二阶段便开始了。这一时期，根据俄罗斯政府法令成立了斯拉夫石油公司（股份有限公司）、东西伯利亚石油天然气公司、西伯利亚远东石油公司、奥伦堡石油公司、秋明石油公司和西伯利亚石油公司。

到1995年年底，国内有13家纵向一体化的石油公司，占有俄罗斯石油产量的56.4%。1994—1995年，纵向一体化石油公司的石油产量为："卢克"石油公司5640万吨，"尤科斯"公司3730万吨，苏尔古特石油天然气公司3420万吨，西伯利亚远东石油公司2560万吨，俄罗斯石油公司1270万吨，东方石油公司1120万吨，科米燃料动力综合企业510万吨，西伯利亚石油公司、秋明石油公司、斯拉夫石油公司、下诺石油有机合成公司、奥伦堡石油公司、巴什基尔石油工业联合公司、鞑靼石油公司、南方石油公司、俄罗斯跨领域科技研究综合企业石油输出公司等共开采1.121亿吨石油。石油加工量为：西伯利亚远东石油公司2160万吨、尤科斯公司1850万吨、卢克石油公司1710万吨、苏尔古特石油天然气公司1160万吨、俄罗斯石油公司530万吨、东方石油公司520万吨、科米燃料动力综合企业300万吨。其他石油公司共加工了8730万吨。在主要石油产品产量下降的情况下，纵向一体化石油公司保持了稳定，甚至个别石油产品产量还有所增长。

现代纵向一体化石油公司发展的第三阶段（从1996年起）与通过抵押拍卖进一步私有化有关，即转让国家股票作为抵押物，以及随后在市场上出售。这一决定不是为了保证石油领域的经济增长，而是为了弥补国家赤字。随着1995年高通货膨胀的结束，开始了新一轮的财政危机，私有化被视为补充国库最重要的财政收入来源之一，政府选择出售一些极具商业吸引力的企业的股份。

抵押拍卖的程序是：一些俄罗斯银行在拍卖后向政府提供贷款，以归政府所有的企业股票作为抵押。到还款日期后政府组织拍卖抵押的股票，要么用赚得的钱还贷款，要么这些股票归债权人私人所有。由于联邦政府在1996年无法偿还债务，通过抵押和拍卖，纵向一体化石油公司的所有者成为私人和金融团体——"Menatep公司""阿尔法集团""联合进出口银行"、B. A. 别列佐夫斯基、R. A. 阿布拉莫维奇等。

1999年年初，石油领域有15个纵向一体化石油公司。在此期间，联邦政府持有的石油公司股份情况如下："卢克石油公司"（6.6%）、"斯拉夫石油公司"（45%）、"奥伦堡石油公司"（51%）、俄罗斯跨领域科技研究综合企业"石油输出公司"（38%）、"石油运输公司"（75%或100%有表决权的股份）、"石油产品运输公司"（75%或100%有表决权的股份）、"俄罗斯石油天然气工程"股份有限公司（10.6%）、"秋明石油科技中心"（100%）、俄罗斯石油公司（100%）。1994年是综合企业保证了国家财政收入的6%，而到1998年，这个数值变为22%。"俄罗斯石油公司"作为这一时期石油工业中唯一一个国有纵向一体化公司，也濒临倒闭。1998年，"俄罗斯石油公司"的产量为1250万吨，即占俄罗斯石油产量的4.1%。该公司的许多大企业连续几个月拖欠工资，各级预算和预算外资金亏空巨大。最大的石油生产商"俄罗斯石油—普尔石油天然气公司"（Роснефть-Пурнефтегаз）的控股权因债务被没收，而"俄罗斯石油—克拉斯诺达尔石油天然气公司"（Роснефть-Краснодарнефтегаз）、"斯塔夫罗波尔石油天然气"和"杰尔姆石油天然气"（Термнефтегаз）的控股权也被没收。这样，俄罗斯唯一的国有石油公司面临生存危机。

纵向一体化石油公司发展第四阶段（从2000年起）的一个特点是完成了行业合并，当时领先的几个纵向一体化石油公司将一些大型采矿和加工企业私有化。例如，卢克石油公司收购了科米燃料动力综合企业的所有股份，并在此基础上成立了区域子公司卢克—科米石油公司。在西伯利亚远东石油公司被瓜分时，秋明石油公司收购了萨拉托夫炼油厂、瓦里耶甘石油天然气公司、乌德穆尔特石油公司等，2000年买下了奥伦堡石油公司，2001年又收购利西昌斯克炼油厂。

2005年，俄罗斯天然气工业集团收购了西伯利亚石油股份有限公司75.68%的控股股份，并在此基础上于2006年5月13日建立"俄罗斯天然气工业石油"股份公司。

2006年"俄罗斯石油公司"合并完成之后拥有了12个子公司：7个石油开采公司，即俄罗斯石油—克拉斯诺达尔石油天然气股份有限公司、俄罗斯石油—普尔石油天然气股份有限公司、俄罗斯石油公司—萨哈林海底石油天然气股份有限公司、俄罗斯石油公司—斯塔夫罗波尔石油天然气股份有限公司、尤甘斯克石油天然气股份有限公司、北方石油股份有限公司、谢尔库普石油天然气股份有限公司，2家石油加工公司，即俄罗斯石油公司—共青团炼油厂股份有限公司和俄罗斯石油公司—图阿普谢炼油厂股份有限公司，3家石油产品供给公司，即俄罗斯石油公司—阿尔汉格尔石油产品股份有限公司、俄罗斯石油公司—纳霍德卡石油产品股份有限公司和俄罗斯石油公司—图阿普谢石油产品股份有限公司，其因2007年重新分配"尤科斯"公司的资产而出名。

企业和股份整合使石油和天然气行业的纵向一体化结构得以形成，形成了统一的盈利和管理中心，便利了公司进入资本市场为新项目融资，简化了贷款结构，这对融资的期限和成本产生了积极影响，相应地提高投资效率，有助于提高纵向一体化石油公司的运作效率，从而保证了石油工业在市场化环境下的进一步发展。

目前的情况可以被定为石油行业和纵向一体化石油公司发展的第五阶段（自2014年起"在制裁下生活"）。根据斯科尔科沃商学院能源中心的研究，2014年7月，美国和欧盟首次实施了行业制裁，涉及金融和能源部门，以及北极大陆架、深海油田和页岩项目的石油开采所需的技术和设备的供应。2014年9月，第二阶段的制裁开始，这次不仅包括设备供应，而且还包括提供服务、与俄罗斯交换信息以及西方公司参与最高技术石油开采项目。

第一次的制裁措施是根据奥巴马于2014年3月签署的第13662号行政令实行的。2014年7月，该行政令的附件中又增加了两条法令，限制俄罗斯公司以及拥有这些公司50%以上股份的个人进入金融市场。在针对金融领域的法令1和针对能源领域的法令2中对限制数据有所调整。这两项法令是海外资产控制办公室（OFAC）于2014年7月16日出台的。2014年9月12日法令1和法令2出了新版本，还发布了法令3和法令4。

法令1禁止向列入行业制裁识别清单的个人和公司提供超过30天期限的债务和股权交易。

法令2禁止向列入行业制裁识别清单的个人和公司提供超过90天期限的债务和股权交易。美国的这项法令大大限制了俄罗斯石油公司、诺瓦泰克公司、石油输送股份公司和俄罗斯天然气工业股份公司及其子公司进入其资本市场。这项措施不涉及卢克石油公司和苏尔古特石油天然气股份公司。然而，俄罗斯这两家最大的私营石油和天然气公司也面临着融资条件恶化的问题。

法令3侧重于国防工业，因此这项研究不涉及。

法令4重点明确，侧重于石油工业开采领域的技术方面。禁止直接或间接地供应、出口或再出口俄罗斯大型石油天然气公司可用于深海油田开采石油、大陆架开采项目以及开采页岩油项目的产品、服务（金融除外）或技术。这些公司包括俄罗斯天然气工业股份公司、卢克石油公司、苏尔古特石油天然气股份公司及其子公司。其他公司未被列入该清单。

除法令之外，技术制裁还来自美国商务部工业与安全局（BIS）出口管制条例（EAR），其禁止向俄罗斯出口、再出口或转让可直接或间接应用于深度超过152米的深海油田开采的装备及技术，其适用于俄罗斯北极项目、页岩油开采项目。美国工业与安全局还禁止发放出口、再出口或转让被列入《出口管制条例》第746部分附件2的物品的许可证。被禁产品清单中包括钻探装置、水平钻井设备、在北极地区作业的海上平台、地层水力断裂操作软件、水下遥控设备、高压泵、钻杆和套管、天然气净化设备和其他一些组件。

像美国一样，欧盟对石油、金融和国防工业领域的某些俄罗斯法人的金融交易实行了限制。结果是，俄罗斯几家最大的石油天然气公司吸引长期投资同时在世界上两个最大的金融市场——美国和欧盟受到了实质性的限制。此外，制裁的间接后果是最大的国际信贷评级机构标准普尔（Standard & Poor's）、穆迪投资（Moody's）及惠誉国际（Fitch Rating）下调了俄罗斯石油天然气公司的信贷评级，这导致在同样参照评级的亚洲市场的信贷条件恶化。总而言之，俄罗斯石油行业融资成本的增加，公司的正常贸易也可能出现问题。

2014年9月8日，对俄制裁进一步扩大：第960/2014号理事会条例（欧盟）全面禁止向俄罗斯提供包括钻井、试井服务和钻井设备，以及为俄罗斯提供上述类型的项目提供专业浮动船只。

这些限制只对2014年9月12日之后签订的合同有效。相比美国，欧盟的限制措施更为温和：仅禁止对俄罗斯石油公司、俄罗斯天然气工业石油公司、俄罗斯石油运输公司供应技术设备。

2014年12月4日，第960/2014号理事会条例（欧盟）通过最新修订案，该修订对包括大陆架或俄罗斯联邦特别经济区在内的石油开采和勘探项目设定了限制。

2017年8月初，美国总统唐纳德·特朗普签署了《以制裁反击美国敌人法案》。该法案加强了对包括俄罗斯在内的几个国家的制裁。最初，这是一项对伊朗实施制裁的法案，但后来增加了俄罗斯和朝鲜。除了行业制裁之外，这一法案还包括对美国大选网络威胁的制裁、对国防部门的制裁以及侵犯人权的制裁。该文件的一个重要特征是措辞含糊不清，原则上赋予美国总统根据美国国家利益实施制裁的权利。总的来说，行业制裁的内容保持不变，但对于2014年9月12日的第2号和第4号法令有一些重要的补充：

2017年11月28日生效的第2号法令的新版修订案禁止美国公民向被列入第2号法令的个人和公司提供资金和还款期超过60天的新债券。这样一来，第2号法令缩短了债务期限。

2017年9月12日第4号法令禁止提供、出口或再出口可直接或间接被用于勘探或开采新的深海、北极大陆架或页岩项目的产品、服务（不包括金融服务）或技术，如果其可用于生产石油或被该项法令制裁的人员拥有进口公司超过33%的股份，而这一股比在第2号法令中为50%。美国石油公司关注这个指标，因为它不仅可以限制其参与俄罗斯项目，还限制他们参与共同国际项目。此外，该法案为对石油和天然气出口管道实施额外制裁创造了条件："总统可以与美国盟友协调，对任何与俄罗斯出口管道的建设、现代化和支持有关的设备、技术和服务一次性出售价值超过100万美元的，或者一年之内相关项目投资超过500万美元的人施加制裁。"欧盟特别是德国反对这一规定,因为美国和欧洲早些时候已达成一致,即制裁不针对俄罗斯已有的石油或天然气项目(尽管美国反对北溪-2天然气管道项目),尽管这些限制主要涉及出口管道的建设。但应该指出,理论上它们可以扩展到所有管道项目的相关服务。

2014—2017年,一揽子制裁措施(表1)的分析显示了它们的高度条件性:这些文件特别是2017年通过的文件的一个重要特点是措辞模糊,有可能根据地缘政治对抗的情况和程度进行解释和变通。

表1 2014—2017年美国和欧盟影响俄罗斯石油和天然气领域的制裁

	美国2014年	欧盟2014年	美国2017年
金融制裁对象	• 俄罗斯石油公司 • 诺瓦泰克公司 • 俄罗斯石油运输公司 • 俄罗斯天然气工业石油公司	• 俄罗斯石油公司 • 俄罗斯天然气工业石油公司 • 俄罗斯石油运输公司及其拥有控股权的子公司(超过50%)	• 俄罗斯石油公司 • 诺瓦泰克公司 • 俄罗斯石油运输公司 • 俄罗斯天然气工业石油公司
技术制裁对象	• 俄罗斯石油公司 • 卢克石油公司 • 俄罗斯天然气工业公司 • 苏尔古特石油公司 • 其在俄罗斯拥有控股权的子公司(超过50%)	• 俄罗斯石油公司 • 俄罗斯天然气工业公司 • 俄罗斯石油运输公司 • 拥有制裁清单所列公司50%以上股份的个人或公司	• 俄罗斯石油公司 • 卢克石油公司 • 俄罗斯天然气工业公司 • 苏尔古特石油公司 • 其在全球范围内拥有超过33%的控股权的子公司 • 任何一次性出售价值超过100万美元的与俄罗斯管道运输项目有关的设备、技术和服务,或者一年之内相关项目投资超过500万美元的人

为应对制裁,俄罗斯的石油公司在2014—2017年致力于开发新的不需要使用被制裁技术装备的传统陆上油田。该策略非常成功,保证了石油开采量的增长。

表2　　　　　俄罗斯各公司石油生产情况　　　　单位:百万吨

	2011年	2012年	2013年	2014年	2015年	2016年
俄罗斯石油公司	118.7	122.0	189.2	204.9	202.8	210.05
卢克石油公司	90.9	89.96	90.8	97.2	100.7	92.0
苏尔古特石油公司	60.8	61.4	61.5	61.4	61.6	61.8
俄罗斯天然气工业石油公司	31.5	32.9	33.4	34.8	36.0	57.8
鞑靼石油公司	26.2	26.3	26.4	26.5	27.2	28.7
斯拉夫石油公司	18.1	17.9	16.8	16.2	15.5	15.0
巴什石油公司	13.1	15.4	16.1	17.8	19.9	20.8
鲁斯石油公司	13.6	13.9	12.5/8.81	8.55	7.9	7.0
全国	511.4	518.0	523.3	526.7	534.0	547.6

资料来源:燃料动力综合体中央调度局。

在2014—2017年投产10多个新油田,包括梅索亚哈油田群、新港油田、苏尊油田、亚鲁杰伊斯科耶油田以及施皮尔曼油田,这是在石油价格高和没有制裁限制的时期内投资的结果,所有的这些项目保证了石油的增产。到2017年,所有这些项目提供的额外产量超过2500万吨,其中三分之二来自于"俄罗斯石油公司"和"俄罗斯天然气工业石油公司"。

2017年之前,很多俄罗斯石油公司宣布了其业务国际扩张和全球化计划。然而,制裁给这些计划带来了太多障碍。现在,俄罗斯的石油公司更注重提高自己在俄罗斯关键资产的提升,而不是国际扩张。

俄罗斯石油股份公司

俄罗斯石油股份公司的海外生产项目有加拿大石油开采项目和越南项目。该公司在委内瑞拉也有4个石油生产项目，还参与了库尔德斯坦项目、埃及祖哈尔项目和挪威的项目，并计划在伊朗开展业务。但是，这些项目仍处于地质勘探阶段，或者计划中。对海外俄罗斯公司现有项目的制裁不应严重影响其目前的业绩，因为它们在这一领域的参与度并不高，但长期发展和全球化的前景可能会受到严重影响。

除了开采外，还有其他海外业务部类：加工厂、加油站、贸易公司。由于财政和短期杠杆限制，其未来也会遇到发展和扩张的难题。

近年来俄罗斯石油工业的一个重要变化是集中化。可以推测，国家对于国有企业加强管理和集中化整合是对极端不利的外部环境的一种应对。到2017年，俄罗斯石油生产结构的特点是国有企业占主导地位，其中38%的产量由俄罗斯石油公司完成。据斯科尔科沃商学院能源研究中心估计，巴什石油公司国有化之后，国家控股超过50%的企业将会占据俄罗斯石油产量的48%（2012年为33%）。

新油田的投产以及生产的集约化也影响了2017年的指标。然而，这种显著的增长仍然是收购新资产巴什石油公司的结果。2017年前10个月，俄罗斯石油公司（包括巴什石油公司）的产量与2016年同期相比下降了0.3%。

无论油气储量、生产量，还是加工量，国有企业俄罗斯石油公司目前是俄罗斯最大的石油和天然气公司。公司的发展特点是资产快速增长，正如预期的那样，这种增长将在未来继续。

俄罗斯石油股份公司早在2013年收购了秋明—英国石油公司之后便继续积极购买资产，花费了约220亿美元。仅在2018年，该公司就收购了俄罗斯和印度石油加工行业、埃及天然气行业、

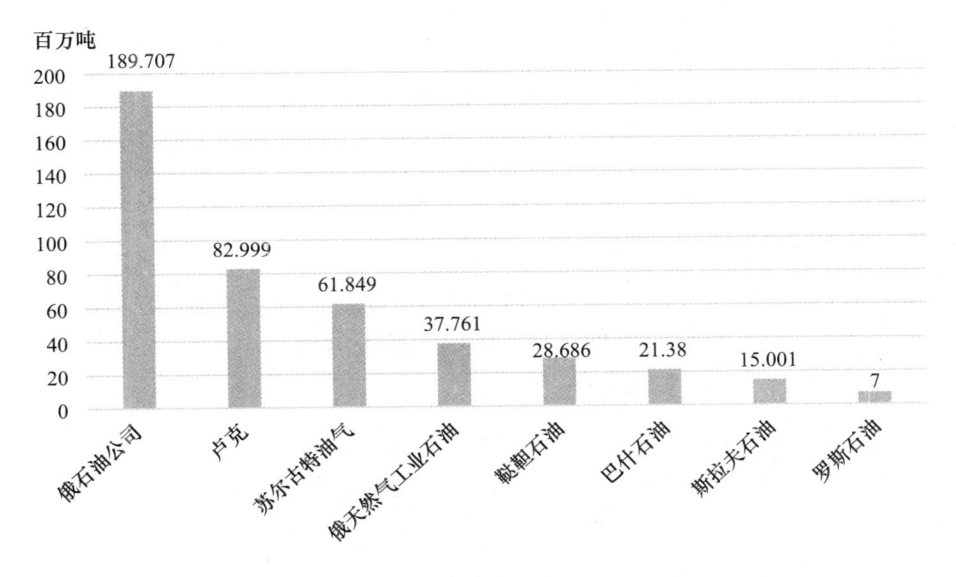

图1 2016年石油公司的石油开采量

（数据标签：俄石油公司 189.707；卢克 82.999；苏尔古特油气 61.849；俄天然气工业石油 37.761；鞑靼石油 28.686；巴什石油 21.38；斯拉夫石油 15.001；罗斯石油 7）

德国分销行业以及委内瑞拉的石油开采行业的资产。资本支出达到了公司历史最高水平，公司债务有所增加，开支控制有所恶化。俄罗斯石油公司正在研究其战略发展的三个主要方向：石油增产、天然气业务发展、加强石油加工和石油产品营销。

俄罗斯石油公司的石油总产量几乎占俄罗斯石油总产量的40%。公司拥有全国最多的开采矿藏。公司经营四个所谓的"老一代"油田项目中的三个，这四个项目早在2008年就开始了，分别是万科尔油田、上琼斯克油田、乌瓦特油田群。万科尔油田的石油生产处于下滑阶段，因此俄罗斯石油公司开始研究万科尔油田群，其中包括苏尊、塔古尔、洛特卡油田。乌瓦特和埃尔赫涅宏思克的开采量保持稳定，尽管是以"集群"的方式并通过逐渐引入附近的新油田达成的。

预计对综合产品最大的单项贡献将来自2017年的两个项目，分别是Kondaneft公司和埃尔金公司，二者彼此相邻且都是依托鄂毕河大油田开采石油。然而，油田埋藏较深，又位于扩散层。政府如果不对这些油田给予税收优惠政策和在其他方面采取支持措施，那么其石油开采尚不能盈利。与俄罗斯其他公司相比，俄罗斯石油公司享有绝对的最大税收优惠。到2019年，这些优惠共计约70亿美元。俄罗斯石油公司直到前不久还享有俄罗斯市场上大型综合企业的最低税收优惠指标。随着收购巴什石油公司（该公司的石油开采一直以来得到大量补贴）以及与财政部签订了开采Samotlor油田的10年期限、每年折扣达350亿卢布（6亿美元）的协议，情况略有变化。当公司管理层在2018年年初提出五年战略时，显然其目标并不仅仅为提高产量，而是减少开支。战略包括缩短钻井的建设周期，提高钻井的生产率和钻井设备的使用（基建投资），以及平均降低10%的营维费用。对于俄罗斯石油公司和其他俄罗斯的石油公司而言，发展生产的开支和开发技术设备的费用主要是靠税收优惠给予补偿。

自"尤科斯"石油公司办理破产手续期间俄罗斯石油公司收购其主要资产卢甘斯克油气公司以来，俄罗斯石油公司的单位产量（吨油）成本一直处于低位。然而，自2012年起卢布开支增加了一倍多，这与收购TNK-BP的廉价资产有关。即使在2013年完成对TNK-BP公司的整合后，开采成本仍在继续增长，四年内增长近50%。如果不是卢布贬值（几乎所有的提升和维修费用都以卢布计算），今天的开采成本将高于每桶7美元，这与8—13美元/桶的全球平均水平相差不大。

2017年12月，俄罗斯石油股份公司通过并开始实施《俄罗斯石油股份公司至2022年战略》，"旨在提高企业盈利能力和现有资产的利用效率，以及实施重点项目。除此之外，公司致力于生产现代、环保型燃料，这使公司能在工业安全、劳动和环境保护（HSE）方面跻身国际油气公司前25%，并能更好地发掘员工潜力，促进所在业务地区的综合发展。2018年，俄罗斯石油股份公司的油气产量达2.855亿吨油当量，探明储量为414亿桶油当量，增长4%，原油加工量达1.15亿吨，在俄罗斯石油企业中居首位。公司收入8.2万亿卢布,增长37%"①。

表3　　　　　　　　俄罗斯石油股份公司的油田

工程项目	俄罗斯联邦的地区	开采起始年份	最大开采量（千桶/天）	最大开采量年份
老油田				
万科尔	东西伯利亚	2009	442	2014
乌瓦特	西西伯利亚	2009	233	2016
上琼斯克	东西伯利亚	2009	174	2015
新油田				
埃尔金和俄罗斯石油全资子公司	西西伯利亚	2018	150	2022
俄罗斯油田	东西伯利亚	2018	130	2023
中巴图阿宾斯克（塔斯—尤里亚赫）	东西伯利亚	2013	110	2020
梅索亚哈（50%俄罗斯石油公司份额）	东西伯利亚	2016	110	2024
塔古尔	东西伯利亚	2018	100	2022
尤卢布钦诺—塔霍姆	东西伯利亚	2017	100	2021
特列布萨—季托夫	季曼—伯朝拉	2013	95	2019
罗斯潘（凝析油）	西西伯利亚	2006	95	2020
苏尊	东西伯利亚	2016	90	2017
库云巴（50%俄罗斯石油公司份额）	东西伯利亚	2018	75	2022
布尔石油天然气	西西伯利亚	2013	47	2016
洛特卡	东西伯利亚	2021	40	2024
拉巴干	季曼—伯朝拉	2015	30	2019
纳乌尔	季曼—伯朝拉	2017	30	2019

资料来源：俄罗斯石油股份公司。

---

① 《中俄能源合作成绩喜人潜力巨大——专访俄罗斯石油股份公司总裁伊戈尔·谢钦》,2019年5月22日,天然气工业网,http://www.cngascn.com/homeNews/201905/35539.html。

卢克石油公司

全球化发展一直是卢克石油公司战略的重要组成部分。如今，该公司已成为俄罗斯石油公司海外资产数量的佼佼者。公司的业务遍及四大洲的35个国家，但海外的石油产量仅占公司总产量的13%，目前尚不清楚该公司未来是否会成功实现扩大海外业务的计划。

扎鲁别日石油公司

根据2017年的发展战略，扎鲁别日石油公司将进入所谓的"新增长"阶段，这意味着公司在海外的新项目业务将大幅扩展。现在，由于在海外的主要资产所属越南公司的石油产量下降，该公司的目光正在投向中东特别是伊朗。扎鲁别日石油公司和伊朗国家石油公司计划在伊朗联合开发阿班油田和西帕亚达拉，并计划在2018年第一季度签订合同。尚不清楚该公司是否能够进入除了尚被制裁的伊朗以外的市场。

俄罗斯的各家独立石油公司在2013—2017年石油产量增长，这是俄罗斯石油工业现状的另一特点。

私营企业为独立石油企业，没有国家参与或者国家份额不超过50%的企业，不属于纵向一体化石油公司，不属于在产品分成协议条件下开展业务的企业。独立石油公司还有未登记在俄罗斯能源部炼油厂清单上的炼油厂，其主要业务是提取和在国内销售石油以及将石油出口到国外。与2012年相比，伊尔库茨克石油公司等小型开采公司在2017年的石油总增产量为3500万吨，而且其未来5年内在全俄罗斯产量的份额将从14%增加到17%，其发展趋势明显，原因如下：

（1）一般来说，大型的纵向一体化石油公司更愿意将高利润项目落地，小型和获利较低的项目则不会引起它们的兴趣。

这就为拓展独立石油公司的业务创造了机会。

（2）大型油田的高度发展和开采下降阶段的到来。随着现有油田的深入开发，独立石油公司取得了良好效益。

（3）新油田规模较小，开采的地质条件较为复杂，而独立石油公司通常正适合开发小型油田。

（4）大型油田的传统储备即将耗尽，亟须将难提取的石油储备纳入开发计划中，而独立石油公司可以更有效地开发难以开采的储备。

独立公司正在与新的小油田合作，这些油田的 C2 类（估计值）储量份额很高，而这需要通过普查勘探钻探进行深入的补充勘探。独立石油公司也有很多储量不超过 1500 万吨的小油田。独立公司约占这些资产的 45%，而纵向一体化石油公司只占 15%。独立企业还在开发资源贫瘠项目，开发程度超过 80%。同时，这些企业也在开发使用传统技术已无利可图的油田。最终，独立石油公司只是在艰难的条件下运作：工程项目不达标，油田含水量超过 80%，地下开采区域由于种种原因难以抵达。

在过去 16 年中，独立石油公司在俄罗斯石油总产量中的份额从 8.8% 下降到 3.9%，而私营纵向一体化石油公司和国有石油公司在 2016 年占石油总产量的 90.8%，而 2000 年为 80%。根据独立石油和天然气开采组织协会"AssoNeft"的估算，2016 年独立石油公司总产量为 2130 万吨，其中 60% 用来供应国内市场（1280 万吨），其余的用来出口。2016 年，俄罗斯境内共有 147 家独立石油公司，其中 64 家是小型石油公司，年产量不到 5 万吨。石油产量最大的有伊尔库茨克石油有限公司，由"Ros-Oil"股份公司管理的石油生产商集团，以及 33 家鞑靼斯坦的独立石油公司。这些企业的石油产量约占俄罗斯独立石油公司所生产的石油总量的 80%。"Assoneft"认为，独立石油公司的业务没有纵向一体化石油公司那么多元化，因此它们在市场上的自由灵活度较低。此外，独立石油公司非常重视深入的地质勘探和开发难以提取的石油储备，然而它们的原料基地的资源却很贫瘠。该行业储备结构中占有优势的是"年轻"的小油田，平均储备开采度为18%（纵向一体化石油公司为55%），而C2级石油的平均储备量为62%（大型公司为34%）。因此，独立石油公司的出油率比纵向一体化石油公司的同类指标低20%。如今，独立石油公司同纵向一体化石油公司一样，也在享受着能提高其工作效率的优惠政策。这些优惠包括伊尔库茨克石油有限公司享有矿物开采税优惠，"Ros-Oil"集团的一系列矿业企业享有的出口税优惠，以及对鞑靼斯坦共和国的一些开采难采石油给予的优惠。

2016年，独立石油公司的生产总体平稳。由于伊尔库茨克石油有限公司新油田投产，以及卡尤姆石油公司转让给"Ros-Oil"股份公司管理，龙头企业（石油产量超过100万吨）的石油产量有所增加。生产量为10万—50万吨的公司（主要是鞑靼斯坦共和国公司）在税收条件变化过程中表现出负面态势，总体价格大幅下降：35家公司中有14家的产量开始下降。5万—10万吨产量的独立石油公司相比于2015年石油开采量略有增加，而值得注意的是，"Stimul-T"有限责任公司建立了两个新油田。由于该行业新公司的出现，跨国石油公司（生产量为1万—5万吨和不到1万吨）也在2016年之前设法增加了石油产量，但两大集团都几乎各有一半的公司减产。整体而言，尽管独立石油公司的产量有所增加，但该行业的垄断程度近几年内大大提高。

该行业目前发展阶段的另一个特点是油田服务公司的并购数量增加。2014年7月俄罗斯石油公司收购了Weatherford公司在俄罗斯和委内瑞拉从事钻井和修井业务的八家公司。此类收购将使俄罗斯石油公司构建起强大的内部服务业。俄罗斯石油公司还收购了"Trican Well Service"公司，加强了在地层压裂和油井建设领域的服务能力。

俄罗斯油田服务市场对亚洲公司更加开放。"红星"造船厂的建设就是这类合作的例子，建厂期间将使用中国企业的技术和设备；另一个例子是鄂霍茨克海大陆架的开发，在普查钻探阶段俄罗斯石油公司就吸引了中国"China Offshore Ltd."平台公司。在北京，俄罗斯石油公司还与"山东科瑞石油装备有限公司"签署了油田服务领域的战略合作备忘录。中国科瑞集团中标俄罗斯石油公司约6000万美元的油田设备供应项目，合同内容包括提供地层压裂所需的专用卡车和设备。2015年，提供油田设备的中国"杰瑞"公司与俄罗斯石油公司签订了一项合同，为其提供包括地层压裂项目在内的服务。

俄罗斯石油公司的另一业务是石油加工。目前俄罗斯有34家炼油厂，总装机功率为3.104亿吨/年。其中，26家工厂属于纵向一体化石油公司，8家是独立炼油厂。2017年，纵向一体化石油公司的所有炼油厂加工了2.349亿吨原油，独立炼油厂加工了3460万吨，而230家注册企业中的43家小型炼油厂加工了1050万吨。

关于加工原料数量和出产量变化的动态分析表明，自2014年来，主要石油产品如汽油、航空燃料和柴油燃料的数量没有发生大幅度变化。然而，俄罗斯生产的锅炉燃料数量显著减少。2017年重油产量下降到石油总量的18.3%。与此同时，企业的工作量也在减少，从而导致了其利润下降。在加工原料总量减少的背景下，柴油燃料产量有所增加。

主要石油产品生产结构的变化首先与该行业在经济困难条件下的现代化进程有关。自2011年以来，石油加工企业就在四方协议框架下逐步实现现代化。截至2016年，现代化目标主要是提高产品质量——这是现代化的第一阶段，从2016年起开始实施第二阶段，目标是强化炼油能力，将新建和改造135个装置，其中改造37个，新建98个，70个装置用于生产汽油组件，54个装置用于生产柴油燃料组件。在纵向一体化石油公司的框架内，应实施完成101个项目，而要为独立公司的炼油厂完成34个项目。该现代化计划首先是为了满足燃料技术规程的要求，它对俄罗斯炼油工业的发展非常重要。2018年2月，现代化计划的调整导致现代化项目的减少，装置减少到了127个。在现代化的第一阶段，改造的设备比例比新建的设备比例大许多，但随着计划的推进，新建设备的比例不断提高。到2017年完成了78个项目，这些项目主要用于提高产品质量。

俄罗斯炼油的总深度也从72%的水平（该水平持续了15年）上升至2016年的79%，以及2017年的81.0%，这是现代化积累的结果，也表明了俄罗斯炼油业转型至发展新阶段。卢克石油公司的工厂和俄罗斯石油公司的巴什基尔工厂的石油深加工能力最高。

（二）俄罗斯天然气公司的发展

俄罗斯天然气行业的去垄断化和私有化进程受到了一定限制。1989年，原苏联天然气工业部改组为国有天然气工业公司，并在此基础上于1993年成立了俄罗斯天然气股份公司，1998年更名为俄罗斯天然气股份有限公司，2015年7月21日起改为俄罗斯天然气工业股份公司。21世纪初，国家加强了对该公司的控股。

历史上，统一供气系统将俄罗斯主要的天然气用户和大型天然气开采企业联合起来。统一供气系统的调度操作管理由俄罗斯天然气工业股份公司的中心生产调度部负责。这一部门24小时监管天然气开采、运输、存储项目的工作，操作管理天然气运输作业。中心生产调度部有义务向俄罗斯天然气工业股份公司各部门及天然气用户提供天然气供应、输送、抽气等调度工作。其中，根据俄联邦各主体办公厅批准的工作计划（计划1——降温情况下用户改用其他燃料的计划；计划2——限制向用户供气计划和轮流断气计划），当中心生产调度部限制天然气供应时，用户应暂停使用天然气，改用其他类型的备用燃料。为保证俄天然气出口供应的可靠性和连续性，俄罗斯天然气工业股份公司同进口商签署了多项双边和多边调度协议，同时还成立两个调度中心（分别在柏林和索菲亚）来协调欧盟的天然气供应。

中心生产调度部是俄罗斯天然气工业股份公司的组织部门，其活动不受俄联邦物价局的管理（俄联邦反垄断局，核准收支项目，保障无差别进入市场等），尽管它会出现在一些文件上，例如，出现"俄罗斯天然气"工业股份公司子公司 Mezhregiongaz 在与用户签署的《天然气供应合同》中。20 世纪 90 年代起形成的、所谓的独立天然气生产商在俄罗斯天然气领域有着越来越重要的意义。其中，1994 年成立的诺瓦泰克股份有限公司是迄今为止俄罗斯最大的独立天然气生产商和继俄罗斯天然气工业股份公司之后天然气开采量第二大公司。除独立生产商外，天然气的开采由纵向一体化石油公司和《产品分成协议》的协议方完成，石油公司的利益主要来自于开采油田气和分销运营商。

诺里尔斯克天然气股份有限公司、雅库特天然气股份有限公司和俄石油—萨哈林大陆架石油天然气有限责任公司等地方公司也是天然气工业的主体。它们作业于没有统一供气系统的地区，保障这些地区的用气。这类公司的天然气开采量占俄罗斯总开采量的不到 1%。

地方的天然气公司系纵向一体化垄断企业，其独立于"俄罗斯天然气"工业股份公司，拥有开采、输送和配给设备。事实上，所有的地方天然气公司都是其所在的俄联邦主体的所有企业，俄石油—萨哈林大陆架石油天然气有限责任公司除外，它属于"俄石油"股份有限公司。

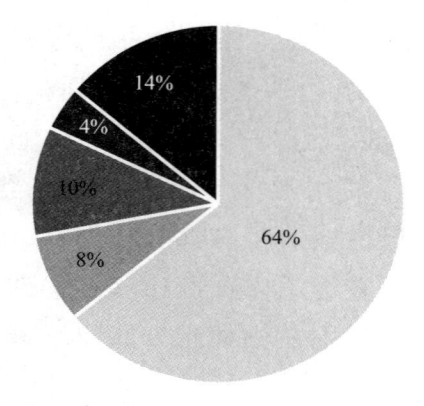

图 2　2017 年天然气企业天然气开采量增长情况

资料来源：ЦДУ ТЭК，2017。

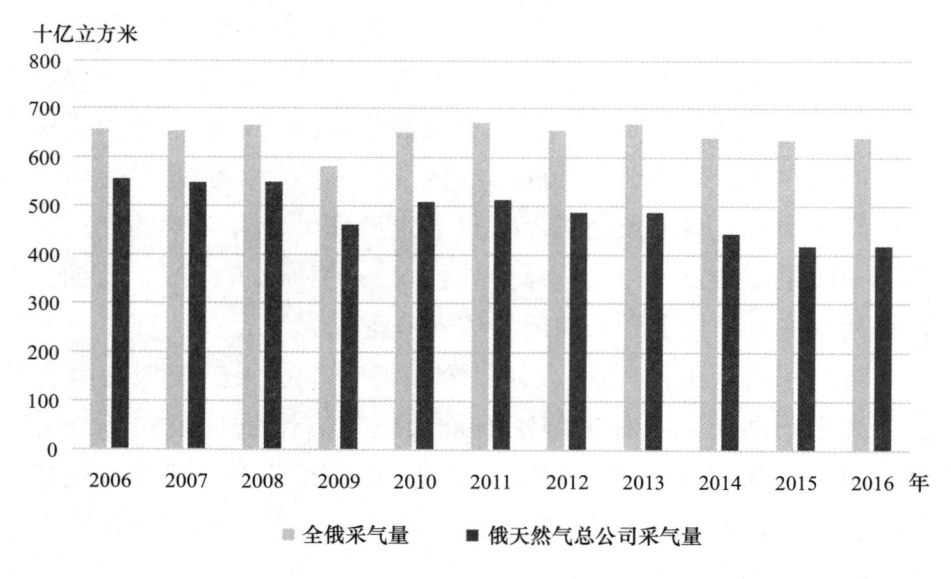

图 3　俄罗斯天然气工业公司在俄罗斯的天然气开采量增长情况

（俄罗斯联邦动力部）燃料动力综合体中央调度局 2017 年资料显示，俄罗斯地下矿藏开采商天然气开采量分布情况为：俄罗斯天然气工业股份公司 64%；诺瓦泰克公司 8%；独立公司 10%；分销运营商 4%；纵向一体化公司 14%。

根据俄联邦《天然气供应法》，俄罗斯天然气工业股份公司作为统一供气系统的所有方和经营方，负责天然气的干线运输。除统一供气系统外，这一功能由地区天然气公司完成。所有地方公司都是自然垄断的主体。俄联邦物价局针对每一个自然垄断主体确定干线管道输送天然气的费用。

俄罗斯天然气工业股份公司、西伯利亚—乌拉尔石油天然气化学公司和其他石油公司的天然气再加工工厂对天然气和伴生气进行再加工。Mezhregiongaz 有限责任公司（俄罗斯天然气工业股份公司子公司）及其各个机构、Rosgazifikatsiya 股份有限公司及地方供气、气化公司负责天然气的配给和销售。天然气的出口根据 2006 年 7 月 18 日出台的《联邦天然气出口法》进行管控，该法律为统一供气系统所有方及其子公司，也就是俄罗斯天然气工业股份公司（俄气出口公司 Gazprom Export）提供特权。该法律生效前，统一出口渠道受俄联邦总统令相关决议管控。自 2014 年 12 月 1 日起，俄罗斯取消了对液化天然气出口的限制。

俄罗斯天然气工业股份公司

俄罗斯天然气工业股份公司是俄罗斯境内最大的天然气开采商，其开采量和供气量在国内市场占领先地位。截至 2014 年 12 月 31 日，总公司（ABC1 标准）天然气存储量为 36.07 万亿立方米，子公司的储备共有 9980 亿立方米，可保障 70 多年的供应。公司的天然气主要存储在秋明州（共 22.03 万亿立方米）和大陆架矿床（7.17 万亿立方米）

该公司的开发项目（截至 2014 年 12 月 31 日）包含 139 个碳氢化合物原料产地，其中有 73000 口正在使用的天然气生产井。该公司气田的综合和初步处理天然气设施（UKPG）的设计功率达 1.12 万亿立方米。该公司拥有开发位于纳迪姆—普尔—塔佐夫斯基区（乌连戈伊气田、扎波利亚尔内气田、扬堡气田），亚马尔半岛［正在开发的博瓦涅科沃（Bovanenkovskoye）气田］以及俄罗斯大陆架［未开发的什托克曼（Shtokman）气田］的大多数待开采气田的权益。

2014年，"俄罗斯天然气"工业股份公司天然气开采量缩减8.9%，2013年开采量降低到4439亿立方米，其中4099亿立方米开采于秋明州的矿区。开采量降低与欧盟国家（主要出口市场）和俄罗斯国内市场天然气需求下降有关。

表4　　　　　　"俄罗斯天然气"工业股份公司

天然气开采量变化　　　　　单位：十亿立方米

	2010年	2011年	2012年	2013年	2014年	2015年	2016年
总开采量	508.6	513.2	487	487.4	443.9	418.5	419.1
乌拉尔区	472	477	451	452	410		385.5
西北区	3	2	2	2	2		2.1
南高加索和北高加索区	13	13	13	12	11		11.3
伏尔加河沿岸区	19	18	18	17	17		16.2
西伯利亚区	3	3	3	3	3		4.6
远东区	0	0	0	0	0		0.4
大陆架	0	0	0	0	0		0.7

资料来源：2017年"俄罗斯天然气"工业股份公司数据。

诺瓦泰克（NOVATEK）股份有限公司

为发展亚马尔—涅涅茨自治区的石油天然气资产，1994年创立了诺瓦泰克（NOVATEK）股份有限公司。2014年，该公司天然气存储量为1.75万亿立方米，其中存储量最大的是Yurkharovskoye气田（3634亿立方米）、南坦别伊气田（2948亿立方米）和Utrenneye气田（2598亿立方米）。

表5 "诺瓦泰克"股份有限公司天然气开采量变化   单位：十亿立方米

开采结构	2012年	2013年	2014年	2015年	2016年	2017年	2018年
总开采量	57	61	62	47.6	67.6	63.4	68.8
Yurkharovskoye气田	34	38	38	36.0	34.6		
East-Tarkosalinskoye气田	13	11	10	9.1	8.3		
北乌连戈伊气田（49%）	0	2	5	无数据	无数据		
"北极天然气"公司气田（50%）	0	1	4	无数据	无数据		
Khancheyskoye气田	4	3	3	2.5	2.5		
其他	6	6	1	无数据	无数据		

来源：诺瓦泰克（NOVATEK）股份有限公司2017年数据。

该公司2014年的商用天然气产量为621亿立方米，其中382亿立方米开采于Yurkharovskoye气田。2014年石油出售量增长了4.8%，共计672立方米，终端用户占94%。2017年12月8日，诺瓦泰克与道达尔公司、中石油和丝路基金在亚马尔合建的工厂里举行了盛大的液化气装卸仪式。2017年、2018年、2019年的连续产量使这一新企业的液化天然气产量达到俄罗斯天然气公司萨哈林工厂的1.5倍（1650万立方米:1090万立方米）。2020年，俄罗斯将向世界市场供应2700多万吨液化气，多于目前马来西亚的出口量（世界石油联盟数据显示，2016年为2570万吨）。马来西亚是继卡塔尔、澳大利亚的世界第三大液化气生产国。

"亚马尔液化气"项目现状：3条年产量为1650万吨的生产线；第4条生产线年产量为90万吨；96%的合同签订来自项目的3条生产线；项目经费共计270亿美元；吸引俄罗斯、中国、意大利、法国、日本、德国、瑞典、奥地利等国外部投资共计190亿美元。

起初俄天然气出口公司计划依靠"亚马尔液化气"项目出

口液化气。2010年，诺瓦泰克同俄天然气出口公司签署代理协议。但接下来的三年中，俄天然气出口公司没有签订任何供货合同。根据合同，"亚马尔液化气"的股东可以抵押贷款。2013年11月，政府取消了液化气出口限制，但国际制裁接踵而来，该项目因此得到了国家的支持。目前，俄罗斯尚无独立的大型天然气液化技术，但俄罗斯天然气工业公司和诺瓦泰克公司在努力研发。为此，诺瓦泰克公司着手建设"亚马尔液化气"项目4号生产线的工作。若项目4号线早日投产并扩大规模，则可获得10亿—13亿美元的额外收入。

4号线拟使用俄罗斯技术，比其他生产线产能小，为100万吨，其他三条生产线均为550万吨，其可成为"北极液化天然气–2"项目所用技术的试验生产线。"北极液化天然气–2"是喀拉海格达半岛的一个新工厂，2019年开始建设。诺瓦泰克公司研发的新型液化气生产技术被命名为"北极冰瀑"，并有以下规定：用乙烷对天然气进行初步冷凝（冷却的第一步）可依靠北极气候保证最大的能量效率；用氮进行再冷却（冷却的第二步）允许应用单相介质换热器；高压条件下对原料气的液化可保证主要技术设备的紧密性，以便减少金属用量；"亚马尔液化气"项目的4号线将使用前三条生产线的基础设施，以此来降低液化气的生产成本。

"亚马尔液化气"项目可开发新的东部出口路线——夏季通过北方海路出口。冬季预计通过西线，在泽布吕赫（比利时）进行货物转运。由于通过苏伊士运河的费用，沿西线运输的天然气价格为1.51美元，沿东线的是1.84美元。"亚马尔液化气"项目的大部分产品要出口到中国和其他亚太地区国家。其中，中石油每年要购买300多万吨液化气。诺瓦泰克公司有意在Utrenneye气田启动"北极液化天然气–2"项目二期工程，其产能为1830万吨（预计会在2030年前完全投入生产，但时间待确认）。

"北极液化天然气-2"项目预期将保障天然气大宗液化技术和产品本地化,将在重力型基础上使用新的液化气生产线,也就是说,工厂不建在陆地而是海上,建在摩尔曼斯克大型海洋设施的中心。将建3条生产线,每条年产量610万吨(依托德国林德公司技术)。该项目的有利条件为:享有和"亚马尔液化气"项目一样的税收优惠;降低每吨液化气的基本成本;低成本天然气开采;使用已经建好的基础设施;对环境的影响最小化。诺瓦泰克公司计划在实施"北极液化天然气-2"项目中降低天然气液化费用。基于新项目的工厂设备费用低廉且生产线效率增加,与"亚马尔液化气"项目相比将能降低30%的费用。

"北极液化天然气-2"项目对亚太地区国家的液化气输送主要路线是东线(共计19天,而西线是26天)。此外,费用比沿苏伊士运河输送的费用每罐低0.8美元。由于运输路线的减少、汽提气总量的降低,液化气出售量有所增加。可直接进入高级市场,做到对每一个供应环节的完全监管。为保障液化气的东线输送,计划2022—2023年前在堪察加建设产能为2000万吨的液化气转运基地,将冰状液化气转为一般的液化气,以此来降低液化气的运输费用。"诺瓦泰克"已同日本公司丸红、三井和三菱商定了项目合作。

按诺瓦泰克的战略,到2030年,俄罗斯将生产约8000万吨液化气,其中三分之二为诺瓦泰克产品,5000万—5500万吨。2030年前,公司企图在北极实施另一个液化气工厂建设项目,目前已得到子公司"北极液化气-1"和"北极液化气-3"的支持。实施这些项目的可能性取决于世界能源市场的情况。

到2030年,诺瓦泰克公司建设液化气新工厂的基本费用为2.5万亿—2.8万亿卢布(不计"亚马尔液化气"项目)。公司预计,液化气项目的可用资金流至今已达到4万亿—4.3万亿卢布。

"俄石油"股份有限公司

"俄石油"股份有限公司是俄罗斯最大的石油开采公司,在油田气开采量方面也居领先地位。截至2014年年底,公司的ABC1级天然气储量为7.2万亿立方米,其中大部分是大陆架天然气。2014年,公司开采了559.4亿立方米天然气,其中280.6亿立方米是油田气。公司最大的天然气开采分公司是"西伯利亚石油天然气"——109亿立方米(在Khadyryakhinskoye气田开采天然气)、"萨默特洛尔石油天然气"——57亿立方米(开采油田气),以及"普尔石油天然气"和"凡科产业集群(Vankor cluster)"(53亿立方米)。油田气开采量的增长与天然气有效利用量的增长有关——2014年,由于"凡科石油""尤甘斯克石油天然气""普尔石油天然气"气田启动了开采、加工和输送系统,公司油田气的平均利用率达到81%(2013年是70%)。2014年,公司的天然气销售量达到560亿立方米(比2013年增长47%),与"欧洲化学公司""俄罗斯铝业公司"和"欧洲西伯利亚能源公司"签订了合同,将长期向上述公司供应天然气。

表6　"俄石油"股份有限公司的天然气开采情况　　单位:十亿立方米

	2014年	2015年	2016年	2017年	2018年
总开采量	57	36.4	67	68.4	67.3
西伯利亚石油天然气	11	11.8			
萨默特洛尔石油天然气	6	5.8			
凡科产业集群	5	8.4		8.63	
普尔石油天然气	5	5.8			
尤甘斯克石油天然气	5	4.6			
其他	25				

资料来源:"俄石油"股份有限公司2017年数据。

"俄石油"高度重视天然气产业,其是俄罗斯第二大天然气生产商,2016 年的天然气和伴生气的开采量为 670 亿立方米(占"普尔天然气"的 49%),第三大天然气生产商诺瓦泰克公司的天然气开采量为 660 亿立方米。2020 年"俄石油"的天然气开采量可能增长约 50%,达到 1000 亿立方米,这相当于俄罗斯最大的天然气公司俄罗斯天然气工业公司天然气开采总量的四分之一。目前,天然气是"俄石油"碳氢化合物开采总量的 20%,到 2020 年,这一比重将增加至 27%。

但是,"俄石油"总产量包括重新注入凡科和 Chayvo 油气田储层中的产量、自身需求以及伴生气(油田气)加工过程中的损失量。因此"俄石油"要在市场上购买约 160 亿立方米天然气来履行几年前签订的合同义务。相比之下,诺瓦泰克基本可出售所有公司生产的天然气。

在俄罗斯国内市场上,天然气开采和销售的利润没有石油大,尤其是 2014—2015 年卢布汇率贬值后。卢布贬值影响了公司扩大开采天然气的计划。秋明英国石油公司(TNK-BP)被"俄石油"收购后,石油开采公司 Rospan 也归"俄石油"所有。此外,"俄石油"还持有其他一些天然气开采资产。天然气冷凝物利润更大,使"俄石油"和诺瓦泰克公司能稳定天然气的开采水平。

显然,可以通过出口天然气来改善公司的天然气产业效益,但"俄石油"无期限推迟了自己的"伯朝拉"液化气项目,而是经过俄罗斯天然气工业公司垄断的输气管道出口天然气。"俄石油"宣称准备向西方出口 100 亿立方米天然气,能沿"西伯利亚力量-1"管道从东西伯利亚的勒拿河产业群向中国出口 80 亿立方米天然气。对此,俄罗斯天然气工业公司极力阻挠。

"俄石油"计划在北极地带"伯朝拉液化气项目"建立液化气厂,在 2025 年前一期投产,产能为 260 万吨;2030 年二期投产,产能与一期产能基本相同。到 2030 年,项目的总产能可达

520万吨。为提高产能，"俄石油"还有意开发新技术。

表7　　　　　　　　天然气领域俄罗斯公司业务分析

天然气领域工序	俄罗斯联邦
开采（生产）	属于市场竞争部分。前垄断商"俄罗斯天然气"工业股份公司的份额下降
线路运输（天然气输送系统）	4个所有商和运营商："俄罗斯天然气"工业股份公司、"诺里尔斯克天然气"股份有限公司、"雅库特天然气"股份有限公司、"俄石油—萨哈林大陆架石油天然气"有限责任公司。属于自然垄断领域。天然气的输送并非孤立于天然气供应商
天然气存储	所有商和运营商："俄罗斯天然气"工业股份公司。不属于自然垄断领域。被认为是天然气输送系统的一部分
天然气配给	属于市场竞争的部分。但"俄罗斯天然气"工业股份公司占统一供气系统配气组织的大部分（不是全部）
批发和零售供应	市场上供应商众多，是一个竞争部分。大部分供应的价格受国家调节。从2014年起，开始天然气股票贸易
天然气输送系统的操作调度管理	由天然气输送系统的所有商完成

资料来源：俄罗斯石油工业股份公司2019年数据。

（三）俄罗斯煤炭公司的发展

1993—1994年，俄罗斯开始准备重建煤炭业，重建工作是根据国际货币基金组织（IMF）和世界银行（WB）的标准制定的，在短短十年内就进行重组。煤炭业的重组其实是20世纪80年代末90年代初俄联邦适应市场关系的不可缺少的一部分。改革的第一阶段需要解决一系列前所未有的大问题：煤炭价格自由化（1993年）、改变行业运作的经济基础、进行结构改革，如取消非专业生产和服务，关闭亏损的矿山和露天矿。从1995年到2000年，所有这些工作已基本完成。

煤炭业重组的第一阶段，203家亏损企业停止开采（188座矿山和15座露天矿），采矿城镇的社会文化设施和工程基础设施转交给地方当局管理，并制订了地方发展规划。改革期间出台的对工人的社会补贴措施发挥了重要作用，使得成千上万的矿工光荣地经受住了变革的艰辛。过去20年，联邦预算用于行业重组的总经费中有35%用于对工人进行社会补贴。

2000—2004年结构调整第二阶段的主要方向是，煤炭开采和煤炭加工企业的股份化和私有化。成立了50多家私营煤炭公司，其中部分公司成为管理公司（控股公司），包括8家冶金公司。如今，俄罗斯煤炭总产量的75%都依靠包括煤炭资产在内的控股公司。第二阶段的结果是，不仅停止了对亏损生产的补贴，而且市场竞争条件下整个煤炭业完全改变——煤炭企业的财政经济稳定性开始由市场规律支配。商业利益成为推动该煤炭业发展的主要动力，使生产和交付市场的煤炭产品质量急剧提高，俄罗斯煤炭公司迅速在全球煤炭市场中占据应有的位置，占全球煤炭贸易的11%。在适应市场条件的过程中，煤炭公司也具有了财务稳定性和竞争力。

煤炭行业新面貌的典型特征是拥有把煤炭作为技术链主要产品的大型纵向一体化企业。梅切尔公司总经理伊格尔·久津说："俄罗斯大型煤炭—冶金和动力煤公司的成立并不是由行业重组的主要方向决定的，而是由生活本身推动的。包含其中的煤炭企业，产品销售稳定，降低了受市场和季节需求波动的影响。"冶金学家和能源专家进入煤炭消费者领域，并不能促进市场的客观发展。此外，俄罗斯约70%的煤炭开采主要集中在西伯利亚煤炭能源公司、梅切尔公司和车里亚宾斯克钢铁公司。

表8　　　　　　　　　　俄罗斯联邦主要煤炭公司产量

公司	产量（2015年，单位：百万吨）
西伯利亚煤炭能源公司	110.326
库兹巴斯露天煤炭公司	45.276
SDS煤炭控股公司	25.795
俄罗斯欧亚集团	24.105
梅切尔公司	18.813

资料来源：表格在2019年3月《煤炭》杂志分析报告基础上编制而成。

　　俄罗斯煤炭业的一个特征是，最大的一些煤炭公司都是私营的，这是其提升竞争力的前提。煤炭行业在市场定价的条件下运作，投资项目的资金来自于自有资金和融资（约占总投资的三分之一）。从2015年起，俄罗斯煤炭出口企业最重要的一个竞争优势就是卢布贬值。用美元计算，俄罗斯煤炭业生产成本和运输费用降低，在卢布通货膨胀没有发展到一定程度时出口能够盈利。

　　2016年俄罗斯煤炭生产商前30名排名：

　　（1）库兹巴斯露天煤炭公司（4534.1万吨）

　　（2）西伯利亚煤炭能源公司库兹巴斯分公司（3771.5万吨）

　　（3）SDS煤炭控股公司（2859.7万吨）

　　（4）西伯利亚煤炭能源公司克拉斯诺亚尔斯克分公司（2707.6万吨）

　　（5）图格努伊斯基露天矿（1402.3万吨）

　　（6）俄罗斯煤炭公司（1365.1万吨）

　　（7）西伯利亚煤炭能源公司（哈卡斯共和国，1317.6万吨）

　　（8）东西伯利亚煤炭企业联合公司（1315.3万吨）

　　（9）库兹巴斯燃料公司（1168.1万吨）

　　（10）西伯利亚煤炭金属控股公司（1163.9万吨）

　　（11）南库兹巴斯煤炭公司（耶弗拉兹集团，1118.2万吨）

（12）拉斯帕达斯卡雅（Raspadskaya，煤矿，1051.2万吨）
（13）雅库特煤炭公司（Mechel Mining公司，990.5万吨）
（14）沃尔库塔煤炭公司（北方钢铁资源，945.5万吨）
（15）南库兹巴斯（Mechel Mining公司，905.2万吨）
（16）俄罗斯建筑服务公司（Stroyservis，850.7万吨）
（17）Kisatsky露天煤炭公司（746.8万吨）
（18）"资源"有限责任公司（570.5万吨）
（19）乌尔加尔煤炭公司（551.4万吨）
（20）"西伯利亚无烟煤"公司（497.3万吨）
（21）扎列奇纳亚煤炭公司（494.4万吨）
（22）卢切戈尔斯克露天煤矿（459.5万吨）
（23）西西伯利亚煤炭公司（448.9万吨）
（24）西伯利亚煤炭能源公司（后贝加尔边疆区，442.6万吨）
（25）别洛夫斯卡亚区（419.5万吨）
（26）俄罗斯松采沃露天煤矿（400万吨）
（27）埃尔加煤炭公司（372.6万吨）
（28）俄罗斯塔尔泰克公司（Taltek，369.8万吨）
（29）西伯利亚煤炭能源公司（伏尔加河沿岸区，344.5万吨）
（30）马格尼托戈尔斯克冶金联合工厂（341.6万吨）

俄罗斯焦煤生产公司2016年开采量排名：
（1）耶弗拉兹集团（2169.4万吨）
（2）梅切尔公司（1563.5万吨）
（3）北方钢铁公司（945.5万吨）
（4）西伯利亚煤炭能源公司（718.2万吨）
（5）西伯利亚煤炭金属控股公司（670.1万吨）
（6）乌拉尔采矿冶金公司（671.9万吨）
（7）SDS煤炭控股公司（498.5万吨）
（8）俄罗斯建筑服务公司（Stroyservis，465.2万吨）
（9）马格尼托戈尔斯克冶金联合工厂（341.6万吨）

(10) 波洛苏欣煤矿（295.9万吨）

(11) 焦煤工业金属控股公司（218.4万吨）

(12) 阿塞洛—米塔尔钢铁集团（134万吨）

(13) 其他（310.9万吨）

表9　　俄罗斯大型煤炭出口公司2016年出口量（及与2015年相比）　　单位：万吨

大型煤炭出口公司	2016年出口量	与2015年相比（+／-）
西伯利亚煤炭能源公司	4336.3	710.6
库兹巴斯露天煤炭公司	2861.8	-132.8
SDS煤炭公司	2283.4	78.5
梅切尔采矿公司	1065.8	63.6
雅库特煤炭公司	509.4	85.7
南库兹巴斯公司	404.0	-37
埃尔加煤炭公司	152.4	14.9
库兹巴斯燃料公司	728	55.9
耶弗拉兹集团	571.1	44.4
"资源"有限责任公司	528.8	33.9
"西伯利亚无烟煤"公司	451	29.3
Kisatsky露天煤炭公司	394.3	278.8
西伯利亚煤炭金属控股公司（Sibuglemet）	329.6	31.3
俄罗斯松采沃露天煤矿	295.4	28.8
俄罗斯煤业	213.6	41.5
扎列奇纳亚煤炭公司	206.5	-227.6
俄罗斯建筑服务公司（Stroyservis）	193.9	-23.3
俄罗斯塔尔泰克公司（Taltek）	192.5	61.4
"本古尔北部露天矿"有限公司	153.3	17.6
俄罗斯塔尔季斯克煤炭公司	143.8	-63

资料来源：2019年3月俄罗斯《煤炭》杂志。

（四）俄罗斯电力公司的发展

电力工程是俄罗斯经济的基础行业，为国民经济和民众内需提供电热能源保障，并向独联体和远东国家输出电能。电力行业的稳定发展和运行在许多方面决定着国家的能源安全，是国家经济顺利发展的重要因素。

俄罗斯电力工程90%以上的潜在生产能力被并入俄罗斯统一能源系统（ЕЭС）。该系统覆盖从西部边界到远东（远东电力系统自主运行）的大部分国土，是世界上最大的中央管理联合动力系统之一。

在过去的几年里，俄罗斯的电力工程发生了根本性变革：行业的国家调控系统发生了改变，电力工程的竞争性市场已形成，产生了一些新公司。行业的组织结构也发生了变化：实现了自然垄断功能（电能传输，有效调度管理）和潜在竞争功能（生产和销售电能，维修和服务）的分离；为取代之前实现这些功能的纵向一体化公司，创建了针对相应业务的专业机构。行业改革方针在21世纪初开始施行。俄联邦政府2001年7月11日发布的第526号"关于俄联邦电力工程的改革"决议明确了改革的目的和任务。拟定的行业基本改革方向通过规范性法律文件等保障，这些文件构成了行业规范的法律基础，包括以下四个层面。

（1）联邦法：民法法典，"关于电力工程"联邦法，"关于节能和能效"联邦法，"关于供暖"联邦法，"关于燃料能源体国家信息系统"联邦法。

（2）俄联邦政府法令，其中意义最为重大的是俄联邦政府决议，由它确定电能和生产设备批发市场的条例，零售市场的基本运行章程，平等享受电能传输及提供相应服务条例，平等享受电能有效调度管理及提供相应服务条例，用户接电设备的技术连接条例，电能生产项目条例，以及隶属于网络组织及其他法人、电力网络的电网经济项目条例，电力工程可调控价格（价目）方面的定价基础，电力工程价格（价目）国家调控（重审，运用）的条例；实现电力工程反垄断调控和监督条例，由电能批发和零售市场主体公开信息的标准。

（3）联邦执行机关的部门法令：俄罗斯能源部的命令，俄罗斯联邦反垄断局的命令，俄罗斯经济发展部的命令。

（4）关于将电力能源和电力设备批发市场加入贸易系统的条约。关于批发市场加入贸易系统的条约不是标准化的法律法令，但鉴于签署该条约是获得批发市场主体地位的基本条件之一，所以该条约的条款和规则对于所有批发主体必不可少。该条约的义务方是商业基础设施组织（非商业伙伴组织"市场委员会"、无限股份公司）和技术基础设施组织（统一能源系统无限股份公司）。

在已通过的至2020年及至2030年的俄罗斯联邦能源战略、俄罗斯联邦电网综合体发展战略中，确立了以下在电力工程方面国家的长期政策及基本专项方针（俄联邦政府2003年8月28日第1234-p号令、2009年11月13日第1715-p号令、2013年4月3日第511-p号令）：

（1）转向发展创新和能效的道路；
（2）改变能源资源生产的结构和规模；
（3）创立竞争性的市场环境；
（4）融入世界能源系统。

自2000年起，电力行业内开始了组织变革，组建了无限责任股份公司"核电能源生产联合股份公司"（具有核电站所有权和运营权的统一电能公司，隶属于国有企业"俄罗斯国家原子能公司"），以及6家电能批发公司（ОГК）和14个地方电力公司（ТГК），还有无限责任股份公司"统一能源系统联邦连锁公司"（ОАО "ФСК ЕЭС"）、无限责任股份公司"俄水电集团"

（ОАО"РусГидро"）、无限责任股份公司"统一能源系统运营"（ОАО"СО ЕЭС"）、无限责任股份公司"跨区域连锁配电控股公司"（ОАО"Холдинг МРСК"）、无限股份公司"东方能源系统俄罗斯股份公司"（负责管理远东的电力工程）（ОАО"РАО ЭС Востока"）、无限股份公司"因特尔俄股份公司"（负责电力的进出口）（ОАО"Интер РАО"）、能源销售公司、一系列科研、规划、服务和维修机构。

上述公司在2012年发生了组织性变化，特别是在电力传输和分配方面的变化很大。根据俄联邦2012年11月22日第1567号总统令"关于'俄罗斯连锁'无限股份公司"的规定，无限责任股份公司"跨区域连锁配电控股公司"更名为"俄罗斯连锁"无限股份公司，负责电力主线和连锁体配电管理。在电能领域的结构性变化为国内电力能源的经济环境完善指明了方向，即不断向市场竞争机制和私有资产起决定性主导作用的方向转变。在电力公司的运营和投资增效及提高投资吸引力方面，新体系被寄予厚望。对新经济体系和市场个体而言，如何在供电合约的投资周期末尾阶段在该框架下引入新产能，并实现雄心勃勃的规划成为最严峻的挑战。

改革的战略任务是在电能领域建立全新的经济环境，使处于竞争环境中的独立电能公司可以在生产和投资决定的规划和实施过程中成为关键角色。然而在行业中现实形成的价格机制仍在很大程度上受调控。经过十年时间，电能领域尤其是热电站仍直接或间接受到价格限制。

2011年年初，国家能源政策从发展竞争机制转向控制能源价格上限制度。这给经济危机后有所起色的发电公司在市场价格方面带来巨大打击。进入该行业想要获得高收益的投资者开始"抛售"股份。导致在接下来的几年里，莫斯科交易所的电力行业证券交易指数降低到此前的六分之一，在2014年第三季度降到了历史最低点。2016年，在产能供给合同计划完成和股息支付逐步增加的背景下，电力行业的证券交易所指数增长，但仍然下降到相当于 2010 年年底的三分之一。

通过分析电力市场形势和 2018 年年初被划入俄罗斯科学院动力研究所的电力公司状况可确定，根据产能供给合同计划完成投资指标成为新兴电能公司实现自身战略的最重要挑战，尤其需要考虑到从项目投资和运营阶段资金回笼的时间差。资金最密集的部门是原子能发电站。从 2008 年起，原子能发电站获得的投资总额为 1.35 万亿卢布，用于新区建设以及延长现有电机组的使用寿命，剩余投资平均地分配到各发电板块：冷凝发电站 6000 亿卢布，热力发电站 7600 亿卢布，水力发电站 5600 亿卢布。

现今，热力发电站基本上实现了产能供给合同计划。2008—2017 年，向冷凝发电站装备了总功率 122 亿瓦特设备，向热力发电站装备了总功率 167 亿瓦特设备，这其中 75% 得益于产能供给合同计划机制。在原子发电站（俄罗斯原子能公司）还继续进行积极的投资周转：到 2017 年年底开动原子能发电站的 5 个新动力机组的总功率为 51 亿瓦特，还有 5 个 46 亿瓦特的动力机组处于建设阶段。水力发电站（俄水电集团）产能供给合同计划实施规模并不大，但全面现代化计划在现有的水力发电站中得以实施。此外，对可再生能源发电站建设补贴计划将被至少延续到 2024 年。在这一领域的领军公司是 Fortum 公司、Enel 公司和俄罗斯原子能公司。投资的效果可以根据资产的动态变化来评定。所有类型的发电站资产都有所增加，但最为显著的是原子能电力工程（俄罗斯原子能公司），其获得的投资也最多。

国家在管理电力能源发展方面缺乏系统性，导致在电热需求稳定的条件下，大规模投入的大功率产生设备产生相应的电力。2008—2016 年，新设备的输出功率共计 149 亿瓦特。一方面，产能供给合同计划引发设备的高额支出，"激活"了电力公司进款额度增长。另一方面，调控方就支付过剩产能采取了专门措施：首先以固定价格收取日益增长的"刚需"产能费用，之后再将用量近12%的"多余产能"合理化并要求支付。最终，根据市场委员会的数据，自2011年至2017年产能的平均价格增加了一倍多，然而PCB的现货价只增加了25%。

整体上在2008—2016年，发电站的进款以同样的速度按照发电站的类型增加了大概80%—85%。与此同时，与销售电力、生产设备和热能相关的源头进款的结构发生了显著变化。

在热电站（批发发电公司和地方发电公司）投资的结果是销售生产设备的进款明显增加了。于是，冷凝电站的生产设备支付额增加了3倍，而热电站的生产设备支付额增加了4.2倍。基本的推动因素自然是根据包括注入资产的提成在内的产能供给合同费用率支付新生产设备的费用。与此同时，鉴于能源市场竞争部门参数的严格调控，其在这期间的支付额增长不明显。还应当注意到热电站销售热能的进款高速增长，达到80%，是电力进款增长的两倍，冷凝电站和热电站的进款都增加了大约40%—45%。同时，热能收入的动态增长正是在最近几年里显现出来。这证明对供暖方面的调控政策进行逐步修订，在这方面长期经常性的抑制价目阻碍了发热生产设备和供热网生产设备的更新。

相反，俄罗斯原子能公司和俄罗斯水电集团公司进款增长的主要来源是发电。水力发电站和原子能发电站从电力市场的定价自由化中获得了显著的效果：与2008年相比，至2016年水力发电站在这个阶段的进款增加了3倍，而原子能发电站的进款增加了4倍（这还与原子能发电站的加工量抢先发展有关）。同时，售电进款主要增长正是在2008—2012年，也就是在市场价格自由化的阶段。2012年以后，电力现货市场的价格开始缓慢增长，这体现在发电站进款的结构上。在原子电力工程中，根据产能供给合同计划引入新动力机组的效果格外显著。

原子能发电站销售生产设备的进款增长了60%，并且这一趋势在近期还有所保留。

多数发电部门收入增长主要是通过新动力装置特殊关税税率来实现的。水力发电是个例外，水力发电的收入增长主要取决于售电收入。发电公司收入的增长使它们有可能明显提高生产的盈利。在水力发电中，该指标的增长尤其强劲。在电力和容量价格自由化后的头几年，水电生产的利润率已从60%提高到100%—110%。随后在2012—2015年出现了一些"低谷"，这与加强该行业的国家监管有关，特别是西伯利亚水力发电站的用电支付已转为电价监管模式。自2015年开始，根据能源市场竞争部门的一般条款，水电厂分阶段返还付款，这使水电工程师能够再次将盈利能力提高到100%以上。

核电工程是发电产业的另一个高盈利板块，利润率最近几年为60%—70%。这也体现出市场自由化的效果。例如，2010年，核电站的利润率高达140%。然而，在之后国家调控不断加强的条件下，核能电站利润率几乎下降到起始水平。应当指出，现今水电站和核电站的高利润率运营没有给其所有者带来高收入，因为他们的利润都被投资成本支出和借款服务支出吞噬了。俄罗斯水电集团除了私有水力发电站现代化以外，还承担在远东新修几个水电站的任务，相关投资一部分来自联邦预算，另一部分来自公司的自有资金。由于当下的投资负担较重，俄罗斯能源及原子能公司总体上不支付股息。相比较而言，俄罗斯水电集团的支出远少于电力批发公司的平均支出。

热电站的利润率也有所增长。冷凝电站的利润率从14%增加到22%，而热电站从4%增加到15%。冷凝电站和热电站的平均收入差距在最近几年稍有缩小，但仍旧较大。同时，热电联产在供电和容量供应方面的盈利能力从10%计划提高到34%，这主要得益于实现产能供给合同计划。热力发电厂的供热效益有所提高，但不显著，仍为亏损（2016年为－2%，而

2008年为-7%）。可替代锅炉的一些供热系统可以显著提高供热领域盈利能力，然而其尚未被普及。就热电站而言，对盈利变化具有决定意义的是每个具体公司实现产能供给合同计划的数量和日期。受外国投资者监督的公司（Forum公司、Enel公司、Unipro公司）相对于2012年无法实现增收，因为在产能供给合同框架下公司的积极投资阶段提前结束，并且缺乏其他机制来确保对提高发电能力及现代化投资的回报。结果，这些公司的大部分稳定现金流难以进行有效的商业性再投资。相反，在俄罗斯资本控制下的公司在履行投资义务方面遇到问题，停滞不前。由于新产能的累积效应，它们在2012年后大幅提高了盈利能力。于是，过去5年来，本国公司与外资公司之间的盈利差距已经缩小。

开展大规模投资和发电公司运营业绩的显著改善，确保了债务负担的降低。这在热电联产领域尤为明显。但是，由于高效动力新装置的投产和一些老旧低效能设备的报废，到2016年，热电联产电厂的平均负债率下降到2.5%以下。所有其他类型的发电（冷凝发电站、核电站、水电站）的债务率，即使在投资高峰时仍然相对较低。核电站和一些电力批发公司具有成为"信贷杠杆"的巨大潜力。

在热电站板块内部，各公司在金融业绩方面差异明显。在过去的5年里，最高和最低收入的发电公司之间的利润率差距从6%上升到9%。债务上的不协调幅度更加明显：如果2012年在发电公司中最大EBITDA差异值为5，那么2016年该指数已经提升到6.5。一系列发电公司的高贷款降低了实现产能供给合同计划的经济效果，因为大部分现金流被增长的债务成本所吞噬。"Fortum"公司是个例外，得益于产能供给合同机制实现大规模投入，该公司迅猛完成创收。典型的是，具有最高债务的公司从实现热能中达到高于60%的进款。相反，成绩最突出的部门公司（"TGC-1"公司、"Mosenergy"公司、"Fortum"公司）一半以上的进款来自电力和产能。热电站整体上已经准备好新一轮的积极投资。核电站较低的债务负担水平为其外部融资创造了条件。

俄罗斯能源及原子能股份公司是国有集团俄罗斯原子能公司的电力工程领军企业，是俄罗斯最大的发电公司和世界第二大核能发电生产设备公司，仅次于法国的EDF。2017年，俄罗斯的核电站创下了自俄罗斯原子动力工程有史以来的绝对纪录，一年里生产了2028.68亿千瓦·时的电力，发电量增幅达到18.9%。加里宁核电站、巴拉科沃核电站（320亿千瓦·时）和列宁格勒核电站（267亿千瓦·时）的发电量占到了一半以上。这样一来，俄罗斯核电站的发电量接近1989年苏联时期才达到的最高纪录（2125.8亿千瓦·时，包括乌克兰、立陶宛和亚美尼亚的核电站的发电总量）。

上市公司"俄水电集团"是可再生资源基地的能源生产领袖，在水能、海潮能量、太阳能、风能和地热能的基础上发电，装机功率——3900瓦特，发电量——1403亿千瓦·时。

有限责任公司"俄罗斯天然气公司能源控股"是俄罗斯最大的电力（发电）资产（上市公司"Mosenegy""MOEC""TGC-1""OGC-2"的监督股票额）所有者之一，装机功率——390亿瓦特，发电量——1508亿千瓦·时。

股份公司"Unipro"（2016年6月之前为无限责任股份公司"E.ON俄罗斯"）是俄联邦电力热能发电板块最有效能的公司，其装机功率——112亿瓦特，发电量——482亿千瓦·时。

公共股份公司"Enel俄罗斯"是意大利国家电力公司在俄罗斯的发电公司和核心资产，其装机功率——94亿瓦特，发电量——420亿千瓦·时。

公共股份公司"Fortum"是乌拉尔和西西伯利亚电热能的领衔生产者和供应者之一，还在俄罗斯发展可再生发电源，其装机功率——48亿瓦特，发电量——2180亿千瓦·时。

上市公司"科瓦德拉——发电公司"是俄罗斯最大的地方发电公司之一，公司建立在 11 个中央联邦区的区股份能源公司的热能发电生产设备和热网资产的基础上，其装机功率——29 亿瓦特，发电量——95 亿千瓦·时。

股份公司"欧西能源"的装机功率——195 亿瓦特，发电量——676 亿千瓦·时。

有限责任公司"西伯利亚发电公司"的装机功率——10.9 亿瓦特，发电量——360 亿千瓦·时

电网公司

上市公司"俄罗斯电网"（ПАО «Россети»）是俄罗斯电网的操控者，也是世界上最大的电网公司之一。该公司管理 230 万千米的输电线路，变压功率超过 773000 兆伏安的 496000 个变电站。"俄罗斯电网"的复合财产包括 36 个分公司和附属公司，其中包括 14 个跨区域公司和主网公司。国家以联邦代理处为代表做监督股东，管理俄联邦的国有资产，在法定资本中占有 88.04% 的份额。

无限责任股份公司"电网公司"就传输功率而言位列俄罗斯十大电网公司。与其他地方电网公司相比，就投入使用的架空线和电缆线的总长度指标以及变电站、变压站和分配点的数量而言，该公司都占据领先地位。"电网公司"的分公司中，有 374 个 35—500 千伏的变电站在使用，功率为 18628.3 兆伏安，沿道路 35—500 千伏的架空线总长度为 10237.6 千米，沿山脉 35—500 千伏的架空线总长度为 12650.3 千米，35—220 千伏的电缆线——106.3 千米。

统一电力公司（АО «СОЕЭС»）是俄罗斯统一电力系统中唯一实现集中作业调度管理的专业化组织，其基本职能如下：

（1）在秩序里管理电力工程项目的工作技术制度，秩序由批发市场的主要运作状况和俄联邦政府确证的批发市场准则

制定;

（2）恪守俄罗斯统一电力系统的功能可靠性设定参数和电能质量;

（3）调控电流频率，保障电流和功率频率自动调整系统的功能，保障系统自动化和防险自动化的功能;

（4）参与组织预测电力工程的生产和需求量的活动，预测电力工程的生产和需求量，参与构建能源生产设备的贮备力量;

（5）协调电网经济项目和电热能生产能源项目停止运营和转入维修，维修之后还协调把它们投入运营;

（6）向电力工程主体和带有可操控负荷的电能消费者发送必须执行的、与系统运营商实现功能有关的作业调度指挥和命令;

（7）制定俄罗斯统一电力系统发电站和电网的最佳昼夜工作表;

（8）组织和管理俄罗斯电力工程系统和外国（阿塞拜疆、白俄罗斯、格鲁吉亚、哈萨克斯坦、吉尔吉斯斯坦、摩尔多瓦、蒙古国、拉脱维亚、立陶宛、塔吉克斯坦、乌兹别克斯坦、乌克兰和爱沙尼亚）电力工程系统的平行工作制度;

（9）在把电力工程主体接入统一民族（全俄罗斯）电网和地方分配网络的情况下，参与编订和发送保障它们在俄罗斯统一电力系统工作的技术要求;

（10）跟踪电力工程项目的实际技术状况和运营水平。

非商业伙伴关系协会是负责组织批发和零售电能、生产设备的市场委员会，依法建立非商业组织，在电力工程公司和电能大型消费公司中间建立非商业伙伴关系，其基本职能如下:

（1）确定电力批发市场主体的运行和注册秩序，就授予或剥夺批发市场主体的地位采取决议;

（2）制定加入批发市场贸易系统的合同形式、批发市场章程，保障在批发市场实现电能、生产设备和其他在批发市场流通的商品的贸易合同标准，还为在批发市场上流通的指定商品提供相关服务；

（3）在加入批发市场贸易系统的合同规定下，组织诉讼前争端调节系统，调节批发市场主体和电力工程主体间的争端；

（4）确立针对批发市场主体的资产使用以及其他制裁系统和秩序，其中包括对他们的开除；

（5）参与准备批发和零售市场的规划方案及向它们提出修改建议；

（6）监督批发市场主体——电能和（或）生产设备流通参与者、商业基础设施的组织、管理统一民族（全俄罗斯）电网的组织——是否恪守批发市场准则和章程；

（7）承认在使用可再生能源来源基础上运作的发电项目为专业合格的发电项目；

（8）登记确证在使用可再生能源来源基础上的电能生产量证书的发放和注销；

（9）跟踪批发和零售市场的价格形势，其中包括立足于以联邦统计观测形式保存的最初原始统计数据和其他由联邦执法机关提供信息的批发和零售市场。

股份公司"电力批发市场贸易系统的管理者"（AO "ATC"）是批发市场的商业管理者，其自2008年4月1日在批发市场上组织电力贸易，这项活动与签署和组织电力、生产设备及其他准许在批发市场上流通的贸易项目的交易相关联（根据电力工程法的第33章第7条），其基本职能如下：

（1）组织电能、生产设备及其他准许在批发市场上流通的商品和服务的批发贸易；

（2）登记买卖电能和生产设备的双边合同；

（3）组织电能和生产设备实际生产及它们在批发市场上的需求的信息测评与收集系统；

（4）与技术基础设施组织相互配合以便预测电能的生产和

需求量，支持由技术章程制定的电能质量、能源供应稳定性和可靠性的参数；

（5）提供信息和咨询服务；

（6）制订、引入和遵循计划与信息系统，保障实现上述列举的活动类型；

（7）实现其他任何不受俄联邦立法禁止和不违背协会活动目的的活动。

金融结算中心股份公司是电能批发市场的商业基础设施组织，在该市场中流通特殊商品，即在俄罗斯联邦统一经济空间的范畴内，以及俄罗斯统一能源系统的框架内的电力能源。批发市场的主体包括：电力供应商和购买者，商业和技术基础设施组织。该中心为批发市场客户根据其要求和义务提供全面的服务，客户包括俄罗斯统一电力公司和统一能源系统联邦电网公司（依据进入批发市场交易系统协议第8.2条）。该中心还作为批发交易的统一方在批发市场上交易并以该中心名义签署电能合同，其主要职能如下：

（1）保障电力和能源批发市场的合同关系；

（2）在电力和能源批发市场上组织和进行金融结算；

（3）组织和维护电力和能源批发市场财务责任交付的财务担保制度；

（4）电力和能源批发市场的债务清算；

（5）对电力和能源批发市场实现控制和监管。

纵览俄罗斯的能源公司，应该指出，国有和私营企业成功完成了俄罗斯燃料能源综合体改革之初设定的任务，可以确保国内市场的可靠、可持续的能源供应以及出口供应。总体而言，俄罗斯公司在财务指标方面具有竞争力和成本优势，同时也有潜力改善公司的短期和长期基本指标。国家在保持对能源市场监管的同时为俄罗斯公司提供了重要支持。俄罗斯联邦的能源公司即使在受到制裁的情况下，也对包括中国在内的投资者具有吸引力。长期来看,发展势头最好的是石油和天然气公司(主要是纵向一体化石油公司)。随着对俄罗斯煤炭需求不断增长,煤炭公司发展也呈现出了积极态势。而电力行业由于国内需求增长缓慢且向国外输电前景不明朗,情况较为复杂。

三　中国油气工业的发展

（一）中国油气在能源中的地位

能源是人类社会发展和进步所必需的重要物质基础。能源技术的突破、能源行业的持续发展是推动经济社会发展和国家强盛的动力。当前，中国已成为世界第二大经济体，也是世界第二能源消费大国。

世界能源供应的主体一直是以煤炭、石油和天然气为主的化石能源。1980年，在世界一次能源供应结构中，化石能源占比高达85.1%，其中煤炭、石油和天然气的比重分别为24.7%、43.4%和17.0%。随后近三十年，尽管石油供应比重不断降低，但化石能源供应比重依然很高。2014年，在世界一次能源供应结构中，化石能源占比依然达85.9%，较1980年上升0.77%，其中石油的比重下降至33.0%，但煤炭和天然气的比重则分别升至29.0%和24.0%。未来，油气将长期占据能源消费的主体地位。因此，油气是中国经济社会发展的动力和基础，关系着国计民生和经济发展大局，在中国能源中具有举足轻重的地位和作用。一直以来，油气产业对中国国民经济和社会发展起到了积极的拉动作用，未来仍是中国经济发展的重要引擎，在中国能源消费中占主导地位。

油气产业是资金密集型行业，通常油气产业开发项目的投资规模大、周期长、风险高，但投资回报率也较高，这类项目对国民经济增长具有长期和显著的拉动作用。由于投资回报收益较好，油气企业纳税也一直是中国政府税收中最稳定和最主要的来源之一。

油气行业是技术密集型行业，对高端技术人才和管理人才需求较多，在增加居民就业的同时，对培养高水平高素质的创新型人才起到了重要推动作用，有利于中国整体科技水平和创新能力的提高。而且，随着油气行业分工不断细化，油田服务已逐渐成为一个独立的行业，由于其具有低能耗高附加值的特点，长期来看必将有利于中国产业结构的调整和升级。

油气行业对中国区域经济发展起到了重要的带动作用。由于中国大量油气资源分布在新疆、内蒙古、四川等中西部偏远地区，油气产业布局也必须符合资源赋存规律。在合理规划和有序开发中国中西部地区油气资源的过程中，必将带动这些落后地区的经济发展，拉动基础设施建设，促进当地居民生活水平的不断提高，甚至有些地区还形成了以石油产业为主导的城市格局。

油气产业的"走出去"行动已经成为中国政治和外交战略的重要组成部分，为中国参与国际政治、经济、外交活动提供了重要渠道，巩固了中国在国际社会中的"大国"地位，有利于发挥中国在国际经济事务和政治局势中的作用，保持一定的话语权。

由此可见，油气产业不但对中国经济和社会发展起到了重要的推动作用，而且未来仍将是经济和社会发展的重要引擎。

（二）中国油气工业的发展成就

改革开放 40 年来，中国石油工业取得了举世瞩目的成就，保障了中国经济持续快速发展和人民生活水平不断提高，为中国特色社会主义建设做出了突出贡献。

1. 原油产量跨越式提升，供应保障能力进一步增强

第一，原油产量保持平稳，进口量持续攀升。中华人民共和国成立后，为了甩掉"贫油国"帽子，中国石油工人发挥"铁人"精神，开发出大庆油田、胜利油田、华北油田等，把原油年产量从中华人民共和国成立前仅10余万吨大幅提升至1978年的约1亿吨，实现了中国石油工业的重大突破。改革开放以来，一大批石油科技工作者和一线石油工人继续发扬艰苦奋斗的拼搏精神，把原油开采量进一步提升至2018年的约2亿吨。1979—2018年，中国原油产量年均增长2%以上，远高于同期全球原油产量0.8%的平均增速，跃升为全球第五大产油国。

第二，天然气产量快速上升，成为清洁能源的主力。天然气作为全球增长最快的清洁能源之一，具有清洁、低碳、环保、高效等特征，是人民生活高质量发展的重要支撑，也是中国有效治理大气污染、积极应对气候变化等生态环境问题的现实选择。中国是世界上较早开发利用天然气的国家之一，但由于受以煤为主的能源结构、经济发展水平、能源政策以及国内天然气产消严重错位等因素的影响，长期以来天然气在中国一直没有得到大规模的开发利用。2000年后，以"西气东输"输气管道工程建成为标志，中国天然气消费增长迅速，天然气市场由启动期进入了发展期。多年来，中国天然气消费规模在全球的排名稳步上升，由1980年的第20位升至2010年的第4位，2013年又超过伊朗，成为仅次于美国和俄罗斯的世界第三天然气消费大国。与之相对应，1979—2017年，中国天然气产量年均增长6%以上，为同期全球平均增速的2.2倍。特别是2000年以来，中国天然气产量快速增长，年均增长10%。2017年中国天然气产量1476亿立方米，同比增长9.8%，比1979年增长超过8倍。近年来，煤制气、页岩气等非常规气产量也大幅增长。其中，2018 年页岩气产量超过 110 亿立方米，同比增长 22.2%。中国在四川、鄂尔多斯、新水、湖南等地区开展页岩气地勘探，在四川建立了页岩气产业化示范区。

第三，油气加工能力增强。中国目前已成为全球第二大炼油国、重要的成品油出口国。2018 年，中国炼油能力继续增长，净增能力翻番，达 3600 万吨/年，占当年世界炼能增量的 80%，总炼能首次突破 8 亿吨/年，达到 8.31 亿吨/年，迈上新台阶。

第四，管道建设突飞猛进，管网体系基本形成。改革开放以前，中国仅有少数几条油气管道，总里程只有几千千米。截至 2017 年年底，全国已建成原油管道 2.38 万千米，成品油管道 2.60 万千米，石油管道总里程达到 4.98 万千米，天然气长输管道总里程近 7.4 万千米。成品油骨干管网逐步形成，对国内油品资源配送和降低运输成本起到了重要的保障作用。横跨东西、纵贯南北、覆盖全国、连通海外的油气管网体系基本形成，资源调配能力也在不断增强。

2. 海外油气合作使中国企业在国际油气行业的参与度和竞争力不断提升

石油行业是中国"走出去"最早、规模最大、效果最显著的产业。截至 2017 年年底，中国石油企业在全球近 60 个国家，管理和运作着超过 200 个油气合作项目，在 25 年的国际油气合作实践中取得了丰硕成果。

第一，有效保障了国家能源安全。2017 年中国石油企业海外油气作业产量达到 1.9 亿吨，海外油气项目产量占消费量的三分之一。2018 年，"一带一路"区域合作继续深入，中国石油企业海外油气权益产量突破 2 亿吨。目前中国在海外已建成中亚俄罗斯、中东、非洲、美洲和亚太五大油气合作区以及西北、东北、西南和海上四大油气战略通道，有力地保障了国家能源安全。

第二，带动相关产业走出去。油气对外投资带动工程服务和物资装备"走出去"，缓解了国内产能过剩压力，促进了供给侧改革。海外投资项目杠杆效应明显。如，中石油亚马尔项目促进了国内装备制造企业走出去，以及钢铁、电缆等产业技术创新和转型升级，带动了模块建造和造船等产业升级。

第三，成为能源外交的重要手段。中国油气企业和金融企业联手，通过贷款换石油等形式，与俄罗斯、委内瑞拉、巴西、巴基斯坦等国建立长期合作关系，推动了双边关系更好地发展。此外，油气合作促进了中国与哥斯达黎加、乍得建立了外交关系。

第四，成为"一带一路"建设的先行者和骨干力量。作为"走出去"时间最早的行业，油气企业在"一带一路"沿线地区投资合作已超过20年，成为"一带一路""走出去"规模最大的产业，并且一直将"五通"作为实践指南和核心内容，发挥引领和骨干作用，为"一带一路"倡议奠定了重要基础。

3. 初步培育了一批具有全球竞争力的世界一流石油石化企业

近十年来，以中石油、中石化、中海油为代表的中国石油企业国际竞争力大幅提升，在《财富》杂志全球500强和美国《石油情报周刊》的排名中都有较大幅度的提升，稳居国际大石油公司的排名前列，公司市值也达到世界一流水平。根据福布斯公布的2017年全球上市公司2000强排行榜，中国石油股份公司市值为2045亿美元，与五大国际石油公司（埃克森美孚、BP、壳牌、雪佛龙、道达尔）相比，仅低于埃克森美孚（3432亿美元）。据BrandFinance"全球品牌价值500强"数据，中石油和中石化2018年均跻身石油企业的前三强。其中中石油品牌排名从2009年的第209位提升到2018年的第35位，2018年品牌价值达到312亿美元，同比增长7%。

4. 践行社会责任和经济责任，为国民经济和社会发展做出了重大贡献

石油石化行业为国民经济发展做出重要贡献。截至2017年年末，石油和化工行业规模以上企业29307家，累计主营业务收入13.78万亿元，比上年增长15.7%；利润总额8462.0亿元，同比增长51.9%；完成固定资产投资2.06万亿元，占全国工业投资总额的8.8%；创造就业，三大石油公司2017年直接创造就业岗位229万个，相当BAT的15倍；贡献税收，以中石油中石化为例，年上缴税金超过7000亿元，占了全国财政总收入的7%。

5. 保障民生供应和应急响应

在"三夏""三秋"等农业生产高峰期，在北方供暖高峰期、灾害天气、国家重大事件中，全力保障市场供应。在奥运会、世博会、党的十九大等国家大型活动期间，保障市场安全平稳供应。采用各种措施保证汶川地震、玉树地震灾区油品供应，积极投入抢险救援与医疗护理，及时保障了灾区群众的生命和财产安全。

6. 推进绿色高效清洁发展，助力"美丽中国"建设

自1999年至今，先后完成了从无铅汽柴油到"国Ⅴ"的车用汽柴油质量升级。短短12年就完成了2—5共四代的油品升级。天然气的大力开发，为中国提供了优质清洁的能源品种，并逐渐成为主力能源，累计减少二氧化碳排放360亿吨，为推动绿色发展和生态文明建设做出重要贡献。落实国家新能源战略，大力推进可再生能源发展，积极开展地热能、生物燃料等可再生能源的开发利用。严守生态环境保护红线，深度参与国际低碳合作。2017年与印度尼西亚签订合作谅解备忘录，合作开发地热。

（三）中国油气工业的发展趋势

随着中国经济的较快增长、工业化和城镇化进程的快速推进、汽车保有量的迅猛增加，以及化工产品对石油的需求，未来30年中国石油需求仍将较快增长，石油潜在需求巨大。根据中石油经济技术研究院2018年发布的《2050年世界与中国能源展望》，预计中国石油消费量将在2030年达到7亿吨左右的峰值水平。2030年成品油需求将达3.8亿吨左右峰值水平，2016—2030年柴油需求缓慢下滑，汽油需求先增后降，航煤需求持续增长。

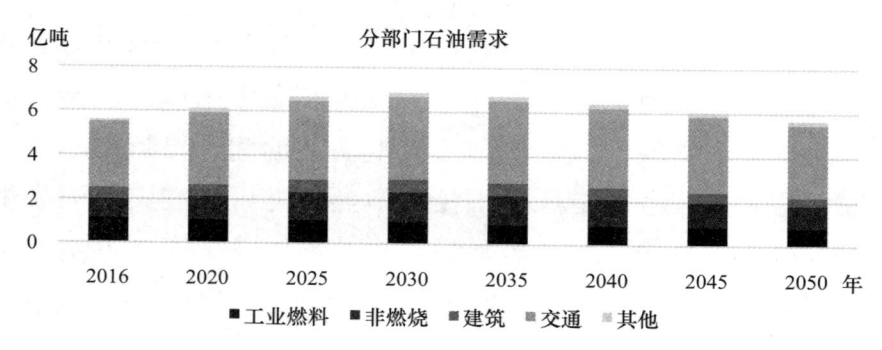

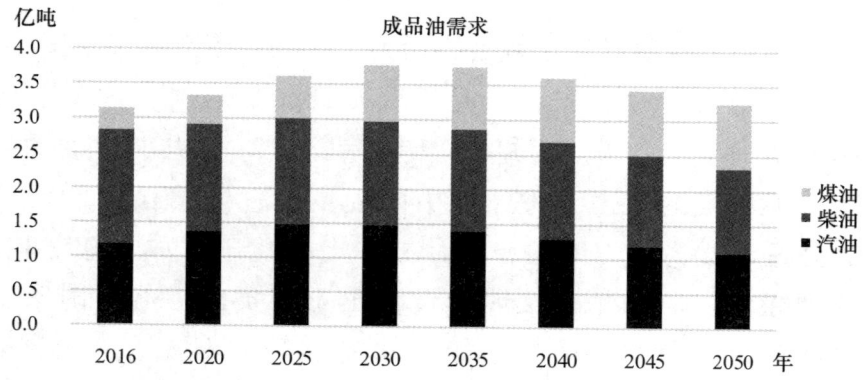

图4 分部门石油需求及成品油需求
资料来源：中国石油集团经济技术研究院。

未来，在治理大气污染、节能减排、产业结构优化升级等多重因素推动下，中国天然气消费将持续快速增长，天然气将在一次能源消费中占据更高比重，有望成为世界天然气消费的中心。根据中石油经济技术研究院2018年发布的《2050年世界与中国能源展望》，预计2040年前，在城市人口继续增长、天然气管网设施日趋完善、分布式能源系统快速发展以及环境污染治理等利好下，中国天然气消费将处于黄金发展期。2035年和2050年天然气消费量将分别达6200亿立方米和6950亿立方米。

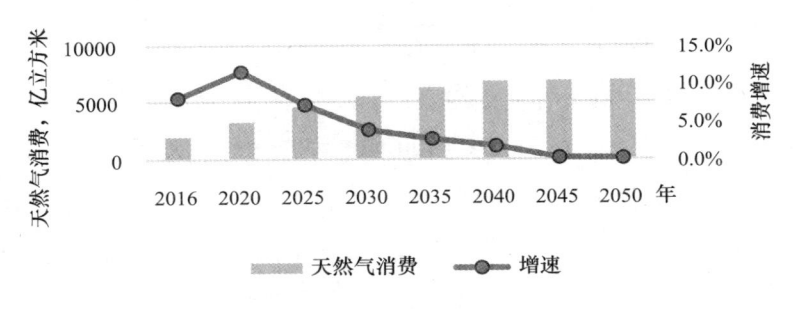

图5 天然气消费及增速

资料来源：中国石油集团经济技术研究院。

当前，全球能源正进入转型发展的新阶段，呈现多元化、清洁化、低碳化的特点。但是，能源转型是一个漫长的过程，在2050年之前，石油和天然气的主体能源地位不会改变，特别是天然气作为传统化石能源中的清洁低碳能源，已在相当广泛的领域里得到有效利用。未来，石油天然气产业仍将承担保障中国能源安全的重任，建设制造业强国、全面建成小康社会对石油和天然气产业都提出了更高要求，相信在全行业共同努力下，中国石油天然气产业会在新的历史时期实现更大跨越。

（四）中国油气工业发展的问题

目前，中国油气市场仍然处于快速发展阶段，未来发展空间巨大。但与此同时，中国油气能源领域的发展也面临以下几方面新的矛盾和问题。

1. 能源转型面临诸多挑战

当前中国能源转型仍面临着一系列深层次的矛盾和问题，主要包括以下两方面。

（1）能源发展不平衡、不充分

中国能源消费结构失衡主要表现为煤炭消费比例过高，油气消费占比不充分，核能和可再生能源比例较低。中国是世界第一大煤炭生产和消费国，当前的煤炭消费占比是美国的4倍，世界平均水平的2倍，石油消费比例分别只有美国和世界平均水平的1/2，天然气消费比例分别只有美国的1/5和世界平均水平的1/4。除水电占有地理条件优势外，中国核能和可再生能源的消费比例也普遍低于美国和世界平均水平。

不可否认，煤炭价格低廉，曾经为中国经济的高速增长做出巨大贡献，但煤炭对环境的污染也非常明显，同等热值的煤炭二氧化碳排放量是石油的1.5倍、天然气的2.3倍，二氧化硫和烟尘的排放量更是油气的数十倍。据统计，中国85%的二氧化硫、80%的二氧化碳、79%的氮氧化物、73%的烟尘来自煤炭燃烧。大规模煤炭利用不仅造成国内大面积雾霾天气，同时给中国在联合国的气候谈判带来巨大国际压力。中国以煤为主的能源结构的形成与"富煤、贫油、少气"的国情有一定关系，但美国作为全球煤炭剩余探明储量最多的国家，即使在能源对外依存度不断增加的时期，也始终未将加大国内煤炭开发作为其能源发展的方向。

表 10　　　　　　　中国一次能源消费总量及能源结构

年份	能源消费总量（亿吨标准煤）	能源结构（%）			
		煤炭*	石油	天然气	非化石能源
2012	40.2	68.5	17.0	4.8	9.7
2013	41.7	67.4	17.1	5.3	10.2
2014	42.6	65.6	17.4	5.7	11.3
2015	43.0	64.0	18.1	5.9	12.0
2016	43.6	62.0	18.3	6.2	13.5
2017（估计）	45.1	60.7	18.2	7.0	14.1

* 未考虑煤炭热值的变化。

资料来源：国家统计局、中国石油集团经济技术研究院。

（2）当前能源转型的难度与复杂性前所未有

当前，应对气候变化成为国际主流，节能减碳目标推动着能源转型，这区别于之前主要由市场自发驱动的能源转型路径，必然更加复杂，挑战更加巨大。此外，中国能源消费还处于爬坡阶段，以新能源和可再生能源为主要特征的新能源体系建设任重道远。

煤炭行业供给侧改革任重道远。2015—2017 年，中国煤炭行业累计淘汰落后产能约 5 亿吨，市场供需与行业盈利状况明显好转，供给侧改革初见成效。但全国煤炭产能过剩的态势并没有根本改变，未来 3 年仍有超过 3 亿吨的去产能任务待完成，行业尚未完全脱困，高负债、人员冗余等问题仍待解决，全面转型长期而艰巨。煤炭行业应加强控制供给力度，推进上下游跨行业重组，稳定市场预期和价格。

油气成为改善中国能源消费结构的现实选择。中国能源结构正持续向清洁化演进，但新能源和可再生能源预计 2030 年前在中国一次能源消费结构中的比重只能提升至20%左右，难有更大发展空间，不能独自承担结构调整重任。国务院印发的《打赢蓝天保卫战三年行动计划》和《国务院关于促进天然气协调稳定发展的若干意见》都旨在促进天然气利用和加强天然气产供储销体系建设。在政策利好下，中国天然气需求正重回快速增长，2017年中国天然气消费同比增长17.1%，天然气占中国能源消费结构的比重稳步上升。

与此同时，中国天然气产业链也面临不少挑战。最突出的问题就是季节性峰谷差问题。通常中国进入采暖季后北方多地就会出现天然气供应短缺问题。全国冬夏峰谷差1.71，北方地区最高能达到10左右，储气调峰能力明显与市场发展不匹配。截至2017年年底，中国地下储气库占全国天然气消费量的3.4%，远低于国外10%—15%的水平；储气调峰责任体系不完善，多数城市燃气企业没有储气调峰设施，完全依赖上游供气企业进行调峰，天然气保障系统非常脆弱。而且缺乏有效的调峰价格机制。目前定价机制下，中国天然气价格难以体现储气库和LNG储罐的调峰成本，对中国储气调峰设施的发展和天然气供应能力提升形成制约。未来几年，中国采暖季供需缺口将长期存在，亟须通过增加气源供应、加快储气调峰设施建设、完善调峰体制机制、实现管网互联互通等举措解决供求矛盾。目前，中国政府正在着手有针对性地加以解决。

天然气价格结构问题制约了天然气的大规模利用。中国天然气价格为政府定价，存量气、增量气价格尚未接轨。美国、日本等天然气发展较为成熟国家，终端价格结构充分考虑了市场和成本因素，其居民用气价格为发电和工业用气价格的2—3倍；而中国为民生考虑，长期采用居民用气低价格，工业、发电用气高价格的定价模式，前者仅为后两者的60%，形成了一种与市场背道而驰的价格结构。对居民的普遍性价格补贴增加了其他用途的成本，使得工业、发电等大型天然气用户使用成本过高。此外，天然气的环境价值也未得到足够体现，发电、工业燃料等领域仍大量使用煤炭，使得天然气消费增长低于预期，在能源结构优化和环境改善等方面难以发挥更大的作用。

此外，中国在油气资源勘探开发基础理论、关键技术、核心装备方面与国外相比仍存在较大差距，深层、深水、非常规油气勘探开发尚未实现有效突破。美国能源部有17个国家实验室，主要支持市场和企业难以做到的长期、前沿、高风险的基础性和应用研究。中国政府在这方面明显投入不足，应进一步增加各方科技投入，以政府为主加强基础性研究，企业加快自主创新步伐，加强能源人才队伍建设，逐步形成政府引领、企业为主、市场导向、全局协调、政产学研用相结合的能源科技创新体系，推进能源生产革命和消费革命，助力能源和经济转型升级。

2. 油气体制改革任重道远

近十年来，中国油气体制发生了深刻变化，改革取得了初步成效，但总体上仍不适应保障国家能源安全和发展社会主义市场经济的需要，面临一系列突出矛盾和深层次问题，主要表现在：

第一，政府能源管理体制机制难以适应复杂多变的油气市场发展，现代油气市场体系尚未完全建立。政府能源管理职能分散，协调机制不健全，管理效率不高。改革开放以来，中国政府能源管理机构虽经多次改革、精简和撤并，但多头管理的问题始终没有得到很好的解决。多年来一直缺乏相对独立的油气监管部门和机构，能源监管体系不完善，以政府行政管理代替油气行业监管，造成油气行业监管职责边界不清、监管职能定位不准，难以建立和形成有效的油气监管制度和监管体系，直接影响整个油气市场体系的建立和规范运作。此外，国内石油市场建设特别是石油矿权市场、石油进出口贸易市场和石油现货期货市场等现代油气商品市场和要素市场建设的明显滞后，影响了整个油气市场化改革的顺利进行，现代油气市场体系尚未完全建立。

第二，油气价格形成机制尚未完全市场化，不能准确反映油气供求关系和资源配置关系。中国油气市场化改革从定价机制改革开始，并逐步深化。但由于实行价格"双轨制"和"平转高"的时间比较长，导致整个油气市场化改革起步早，却进展缓慢。经过近10年的不断改进调整，中国原油、成品油流通体制已经和国际石油市场接轨，但石油、天然气价格形成机制仍没有完全市场化，还不能完全适应国内外市场变化的需要。油气价格信号仍有延时、滞后甚至失真，给油气生产经营带来影响和损失。另外，国家缺乏更多的市场调节渠道和调节手段，常常因价格问题使油气生产经营处于被动状况。

第三，油气法制化进程缓慢，尚未形成完整的依法治理体系。中国油气管理行政化色彩较浓的一个重要原因，就是油气立法滞后，法制化进程缓慢，影响了油气行业和企业的健康发展。20世纪90年代以来，中国加快了能源法制化进程，先后出台了《煤炭法》《电力法》《节约能源法》《可再生能源法》等单行法，但《能源法》《石油法》《天然气法》等油气基本法律法规至今仍未出台，也没有正部级单位专门对油气行业进行管理。许多重要油气领域存在着法律空白，造成无法可依。已经出台的一些局部性油气规范、标准和制度，主要以国务院条例和政府部门规章为主，立法层次较低，法律效力不够，而且大多比较原则化，缺少具体的实施细则，操作性不强。由于油气行业立法滞后，致使相关部门不得不依靠大量的政策性文件和行政公文来指导工作，处理和协调各方面的责权利关系，导致依法调控和解决纠纷能力差。随着油气可持续发展的进一步加快，相关法律法规建设必须尽快提上议程。

综上所述，中国油气工业已经进入了油气发展新常态，油气市场化改革向纵深发展，已经进入了深水区。但油气管理体制、价格机制和法治化进程总体上仍然需要进一步改革和创新，采取以下举措是大势所趋：

第一，建立健全现代能源管理体系和市场体系。

政府应加强能源的统一集中管理，增强战略规划能力，淡化审批职能。加强对能源市场秩序的监管，清除市场壁垒，打破市场分割，促进能源产品和要素的自由流动，提高资源配置效率。科学界定竞争性和非竞争性业务。竞争性业务建立公平、开放、透明的市场规则，实行统一的市场准入制度；对国有资本继续控股经营的自然垄断行业，实行政企分开、政资分开、完善法人治理结构等内容的改革。发挥税收在优化能源结构方面的引导作用，公平体现能源利用的环境成本，做好政策保障。

第二，加快石油期货市场建设。

利用国际油气消费市场的有利时机，持续推进人民币国际化进程，扩大人民币国际化应用，为石油期货市场建设打好货币基础。加强中国油气市场信息系统建设，增加透明度，争取价格制定的主动权，逐步提高中国石油期货市场的影响力。

第三，加强立法和质量标准建设。

加快制定出台《石油天然气法》《石油储备法》等法律法规，使油气行业发展有法可依，国家油气供应安全得到法律保障。建立健全油气领域各项质量标准，淘汰不符合环境和质量标准的落后产能。严格规范产品品质，加快推进油品质量升级。

四　中国油气公司国际合作

1993年，在改革开放和经济全球化的大背景下，在党和国家"充分利用国内外两种资源、两个市场"重大决策的指引下，以中国石油天然气集团公司（简称"中石油"）、中国石油化工集团公司（简称"中石化"）、中国海洋石油总公司（简称"中海油"）等为代表的中国石油企业扬帆出海，实施国际化经营。经过20多年的快速发展，中国石油企业海外投资业务规模由小变大、由弱变强，已成为国际油气市场重要的参与者。

（一）中国海外油气合作概况

经过20多年的海外跨越式发展，中国石油企业取得了卓越的成绩，基本形成了以上游业务为主导，覆盖上、中、下游及贸易等领域的油气全产业链合作格局，基本建成了六大油气合作区和四大油气战略通道，企业国际化程度和经营水平不断提高，为提高企业国际化水平和为全球市场提供稳定的能源供应做出了重要贡献。

1. 基本建成六大油气合作区

截至2017年年底，以三大石油公司为主体，以及34家企业（其中民营企业23家），参与海外210个油气项目的投资，业务遍及全球47个国家，涵盖上游、中游和下游全产业链，中亚俄罗斯、中东、非洲、亚太、美洲和欧洲六个油气合作区基本建成。

美洲和非洲是累计投资最多的地区。从 20 世纪 90 年代开始，中国石油企业在美洲地区实施了几笔大型收购，累计投资占海外总投资的 32%，使得美洲地区成为中国石油企业海外累计投资最多的地区。其中，中海油斥资 194 亿美元收购尼克森公司，就占了整个地区累计投资总量的近三分之一。另一方面，得益于传统地缘政治优势，非洲地区是国有三大石油公司拥有项目较多、进入较早且贡献主要产量的地区，也是海外累计投资较多的地区，累计投资占总投资的 27%。其中，中石化整体收购 ADDAX 公司占到地区累计投资总额的约 15%。此外，中石油等企业在哈萨克斯坦几个大中型项目中持续多年投资，使得中亚地区累计投资约占海外总投资的 16%。

侧重上游投资，勘探项目投入少。中国石油企业海外业务所形成的覆盖全产业链的投资格局中，更加侧重上游投资，上游项目数量占总项目数的 86%，中、下游项目各占 7%。管道项目主要包括中俄原油管道、中俄天然气东线、中亚天然气管道、中哈原油管道和中缅油气管道等项目，除此之外，在非洲等地区为上游项目配套了部分管道项目。下游领域，中石化凭借自身在下游项目的优势，在俄罗斯、东南亚和欧洲等地区开展下游合作；中石油也通过并购获得了日本、新加坡和欧洲的炼油项目。

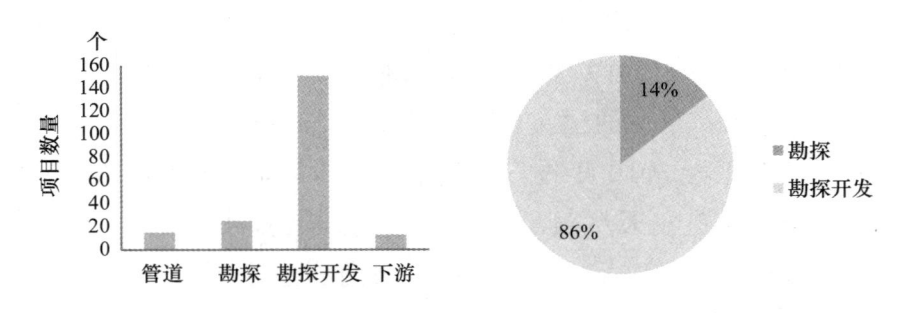

中国企业海外项目类型　　中国企业海外上游项目类型

图 6　中国企业海外项目类型及其中上游项目类型

资料来源：笔者根据中国石油集团经济技术研究院数据库信息整理而成。

上游项目投资中，勘探和开发项目投入比例失衡，勘探项目数量仅占上游项目总量的14%。中国石油企业更注重开发和生产项目的获得和投入，能够快速获得权益产量和收益，这也是海外权益油气产量快速增长的原因之一。另外，勘探项目风险较大也是中国石油企业投资决策的重要参考因素。从企业可持续发展的角度考虑，勘探项目投入过少将会导致储量接替不足问题。

海外炼化合作缓慢发展。相对于上游业务的快速增长，中国石油企业海外炼化项目合作发展缓慢。截至2017年年底，共有13个炼化项目，分布在中亚俄罗斯、非洲、亚太、美洲、欧洲和中东等地区，总炼油能力近7000万吨/年。早期开展的炼化项目分布在中亚俄罗斯的哈萨克斯坦和非洲地区，主要是为了满足资源国政府要求，并配合上游项目发展。近几年，中国石油企业开始注重海外炼化业务发展，中石油主动收购了新加坡、日本和欧洲等发达地区的炼油资产，中石化则积极进入中东、俄罗斯和东南亚地区。

2. 四大油气战略通道基本建成

目前，横跨中国西北、东北、西南和东部海上的四大油气战略通道布局已经基本完成，且保持平稳运行。西北通道主要包括中哈原油管道和中亚天然气管道，计划2020年管输能力达到油气当量1亿吨/年，其中原油2000万—2200万吨、天然气850亿立方米。东北通道主要是中俄油气管道项目，其中原油管道项目一期工程2010年投产、管输能力1500万吨/年，二期工程工作稳步推进；天然气东线项目顺利开工，计划2018年建成投产，管输能力380亿立方米/年。西南通道主要指中缅油气管道项目，其中天然气管道2013年7月投产，管输能力120亿立方米/年；原油管道全线建成，2017年投入运营，管输能力2200万吨/年。东部已经形成稳定的海上油气供应保障通道，原油接卸能力达到 5.3 亿吨，LNG 接受能力 4080 万吨（555 亿立方米）。

（二）中国海外油气权益产量

2017 年海外石油权益产量 1.5 亿吨，天然气权益产量 485 亿立方米。中国境外石油权益产量连续 24 年保持快速增长，在为世界生产更多石油的同时，也为中国石油安全做出了重要贡献。

1. 油气权益产量持续、快速增长

1993 年，获得加拿大艾伯达省北湍宁油田（North Twining）的部分股权，并生产出中国历史上第一桶海外原油。从此，中国企业海外油气权益产量持续增长。2002 年中国原油权益产量突破 1000 万吨，2009 年突破 5000 万吨，2013 年迈上 1 亿吨台阶，2017 年海外石油权益产量达到 1.5 亿吨。随着 2017 年以来一些大型项目投产，海外权益石油产量将继续保持增长，其中中石油参股的哈萨克斯坦卡沙甘油田产量将继续增长，中方权益产量增加 30 万吨；中石油和中海油共同参与的巴西利布拉油田在 2018 年投产，中方权益产量 50 万吨。

中国企业海外油气权益产量保持快速增长。2000—2017 年，中国海外石油权益产量年均增长率达 20%。石油权益产量第 1 个 5000 万吨用了 16 年，第 2 个 5000 万吨只用了 4 年，第 3 个 5000 万吨也只用了 4 年。海外天然气生产起步较晚，但产量增长迅速。2001 年海外权益天然气产量仅有 6 亿立方米，2010 年达到 100 亿立方米规模，2017 年达到 485 亿立方米。2000—2017 年，年均增长率达到 31%。

2. 中国石油企业为世界油气生产做出重要贡献

中国企业海外油气合作不断扩大也为世界油气生产做出重

要贡献。估计2017年中国石油企业海外生产为全球提供了3.5%的石油和1.2%的天然气。同时，中国企业海外业务也越来越成为公司的重点，海外油气权益产量占国内产量比例逐年提高。其中原油权益产量由2001年的800多万吨，增到加2017年的1.5亿吨，占比由2001年的5%，增加到2017年的80%；天然气权益产量由2001年的6亿立方米，增到加2017的485亿立方米，占国内天然气产量的比例逐年提高，由2001年的2%，增加到2017年的30%。根据2017年中国油气进口数据分析可见，2017年中国进口原油4.2亿吨，进口天然气924亿立方米，海外权益产量是中国原油进口量的37%，天然气进口量的49%。

表11　海外原油产量、国内原油产量和中国原油进口量　　单位：亿吨

	2000	2005	2010	2011	2012	2013	2014	2015	2016	2017
海外原油产量	0.07	0.27	0.65	0.76	0.87	1.13	1.24	1.34	1.33	1.54
国内原油产量	1.63	1.81	2.02	2.03	2.07	2.14	2.09	2.13	1.98	1.92
中国原油进口量	0.70	1.27	2.39	2.54	2.71	2.82	3.08	3.36	3.81	4.20

资料来源：中国石油集团经济技术研究院数据库。

3. 三大油企是海外油气生产的主力

中石油、中石化和中海油三大公司始终保持着中国石油企业在海外油气生产的主力地位，2017年三大公司的权益产量占海外总权益油气产量的90%，其中原油占88%，天然气产量几乎全部来自三大公司。但随着三大石油公司以外的其他公司开始海外投资，预计三大石油公司的海外原油产量占比将逐年下降。

目前，三大石油公司以外的其他公司中，中化集团"走出去"最早，规模相对较大，海外油气权益产量占这些公司的42%。华信能源、中信资源、振华石油、北京燃气和洲际油气

等公司也逐渐成为中国海外油气权益产量的贡献力量。

4. 油气权益产量主要来自中东、美洲和中亚地区

中国石油企业海外油气权益产量主要来自中东、美洲和中亚地区，中国在这三个地区的权益产量分别占总权益产量的24%、24%和23%。而非洲的权益产量占总权益产量的17%。其中，中东地区的油气权益产量主要来自中石油在伊拉克的鲁迈拉油田、艾哈代布油田、哈法亚油田三大项目，中石油和华信在阿联酋的阿布扎比陆上项目和中海油的米桑油田项目。美洲地区的油气权益产量主要来自中石油在委内瑞拉的MPE-3项目、中石化的阿根廷项目、中海油的美国鹰滩项目，以及中海油加拿大尼克森公司贡献的产量。中亚地区的权益油气产量主要来自中石油在哈萨克斯坦的阿克纠宾、PK和土库曼斯坦的阿姆河右岸等项目，以及中石化在俄罗斯的乌德穆尔特项目。

（三）中国油气公司海外投资历程

1993年以来，经过20多年的发展，截至2017年，中国石油企业海外业务初期计划投资累计达2400亿美元，实际投资接近2000亿美元。

1. 探索发展阶段（1993—1996年）：初步尝试，迈出"走出去"的第一步

1993—1996年是中国石油企业"走出去"的探索阶段。在这一阶段，只有中石油和中海油两家企业在海外开展油气合作，中石化没有涉足上游投资。1993年，中石油中标秘鲁塔拉拉油田6/7区块，拉开了中国石油企业海外投资的序幕。1994年，中海油收购ACRO石油公司（东南亚项目）在印度尼西亚马六甲海峡区域的石油资产，迈出了该公司开拓国际市场和建设国

际化石油公司的第一步。投标或议标是当时中国公司获取项目的主要方式。

这一阶段是中国企业开展国际合作的试水阶段,由于缺乏国际化经营的经验和实力,中国企业从零开始学习,逐步找到国际合作的感觉。中石油、中海油等公司采取了"由小到大、循序渐进、自我积累、滚动发展"的策略,从小项目、老油田提高开采率项目运作开始。这些项目是中国企业的技术优势领域。中石油获得的秘鲁塔拉拉油田已有130年的生产史,是世界上最早开发的油田之一,生产高峰期已经过了半个多世纪,被西方石油公司认为已到了废弃的边缘。中国石油接手时,6/7区项目的近5000口井中仅509口还在生产,平均单井产量只有3桶/日左右。中石油用了三年时间,把这个接手时只年产8万吨的油田提高到年产32万吨。

中石油和中海油两家企业缺乏国际化经营(获取项目和经营项目的)经验,更不用说实力,通过这些尝试,找到了一些感觉。这一时期,布伦特平均油价在20美元/桶以下,扩张成本最低,但因中国企业刚刚尝试"走出去",自身能力和经验不足,错过了最好的扩张时机。

2. 基础积累阶段(1997—2002年):蹒跚学步,初见成效

从1997年开始,中国企业海外油气合作进入了快速发展阶段。中石油接连签订苏丹1/2/4区块、哈萨克斯坦阿克纠宾和委内瑞拉陆湖三大项目,标志着中国企业开始参与海外具有一定规模的油气勘探开发项目。2001年,中石化成立国际石油勘探开发有限公司,专门从事海外油气业务,至此三大石油公司全面参与国际合作。

这是真正的国际合作经验的积累阶段,中国企业以一定规模的开发项目为主,兼顾勘探项目。中石油以三大项目为基础,在北非、中亚和南美搭建起三大战略发展区,迅速形成

原油作业产量接近2000万吨，权益产量达到1000万吨的规模，成为国际石油市场上一支不可忽视的新兴力量。中海油也在印度尼西亚站稳脚跟，成为印度尼西亚主要的油气生产商。中国企业在这一时期采取投标（议标）和收购并举的方式获取新项目，其中中石油仍以投标（议标）方式为主，中海油和中石化采取收购方式。

这一时期，布伦特平均油价在22美元/桶，仍处于低位，此期间获得的项目很快都收回投资，获得效益。

3. 快速发展阶段（2003—2007年）：积极进取，稳步前进

2003—2007年，中国企业在海外合作中以上规模为重点，通过投标和收购等多种方式获取了一批大中型项目。并购成为快速扩大海外合作规模的重要手段，通过一系列并购，中国石油企业海外业务规模快速增长，并成为国际石油市场上一支重要的新兴力量。2005年，中石油以41.6亿美元成功收购了哈萨克斯坦PK公司，成为当时最大的中国企业海外并购案，中石油在中亚地区业务规模实现跨越式增长。2006年，中石化成功完成俄罗斯乌德穆尔特石油公司96.86%股权的收购交易（总值为35亿美元），由此获得每年超过300万吨的产量规模；中海油斥资22.68亿美元现金收购尼日利亚深水项目AKPO油田45%股权，成为后来两年该公司最重要的新增产量来源。通过并购获得一批石油产量规模在数百万吨的项目，合作规模迅速扩大。这一时期，中国石油企业也开始涉足勘探项目领域，由开发项目为主扩展到勘探与开发项目并重。

同时，这一阶段走出去的中国企业开始多元化。以三大石油公司为主体，其他性质的公司开始少量参与。中化集团和振华石油分别从2003年和2004年开始"走出去"。中国企业合作重点转移到中亚地区和非洲地区，这两个地区的初期计划投资额占相应总量的80%以上。

这一时期布伦特平均油价52美元/桶，但一直处于上升阶段，尽管付出的代价较大，但这一时期获取的项目大部分随着油价不断上涨取得了较好的收益。

4. 规模发展阶段（2008—2013年）：大步流星，快速扩张

进入2008年后，国际金融危机的爆发对世界经济秩序和油气市场格局造成了极大冲击，也为中国石油企业海外业务拓展带来了难得的发展机遇。这一阶段，中国石油企业海外投资以获取大项目为主，通过自主投标和资产并购，成功实现了在中东、拉美和北美等重要油气市场的突破，形成六大油气合作区，完成了油气业务的全球布局。

除中石油、中石化、中海油三大油企外，以中化集团、振华石油、中信集团、延长石油等为代表的其他国有企业和部分民营企业也积极走出国门，参与到海外油气投资之中。

在这6年中，中国石油企业在获取项目方式上以超大项目的并购为重点，以整体并购、战略联盟和参股投资等合作方式在内的"组合拳"出击。2008—2013年，中国石油企业共获得了100多个项目，累计初期计划投资1800亿美元，平均年初期计划投资300亿美元。中海油以207亿美元收购尼克森公司，成为当年全球最大的资产并购案，也是迄今中国公司最大的海外并购案。在一些主要资源国，中国企业也通过战略联盟投标的方式参与到大型项目的开发运营中，2009年，中石油与BP联合中标伊拉克鲁迈拉油田项目；2013年，中石油、中海油与道达尔、壳牌等国际大石油公司组成财团，中标巴西利布拉油田项目。通过这些方式，中国石油企业大幅扩大了海外油气合作规模，在合作领域上，实现了从上游到下游、从常规到非常规、从陆上到海上的全领域、全覆盖。除了巩固与发展中国家的油气合作，也积极进入美国、加拿大、澳大利亚等发达国家。

这一阶段，布伦特平均油价为95美元/桶，项目获取成本较高。中国企业在此阶段获取的项目中，除了服务合同项目获得稳定回报外，大部分项目的投资效益并不好。

5. 多元发展阶段（2014年至今）：三大国企踌躇不前，其他投资主体奋勇前进

2014年开始，以中石油、中石化和中海油三大国有石油公司为代表的中国石油企业积极实施资产优化策略，转变高油价时期重规模、求扩张的发展方式，突出战略发展，注重降本、提质、增效，海外发展进入新的阶段。

民营企业海外投资速增，多元主体投资格局基本形成。随着海外投资的增长，三大石油公司以外的其他企业权益油气产量快速增长，在中国企业海外权益油气产量中的占比已经达到10%，并将继续增长。这一阶段，民企初期计划投资比例达到全部中国企业对外投资的30%。但从1993年开始到现在，民企的初期计划投资很少，只占全部企业初期计划投资的4%。民营企业海外经营具有更加灵活的特点。民营企业更多在资本层面开展合作，很少参与实际项目运营，并以资本合作为基础，在更广和更多领域拓展与资源国或石油公司的合作。另外，在合作领域上不局限于上游，在整个产业链寻找合作机会；在合作方式上，多以并购方式获得公司或资产股权。

这一阶段，国际油价始终在相对低位运行，布伦特平均油价63美元/桶，是积极获取项目补强公司业务的重要机遇期。在此期间获取的项目，应有良好的发展基础，但最终取决于未来油价走势、商务谈判能力和项目经营能力。

五 中俄油气领域合作

1996年，中俄两国政府签署《关于共同开展能源领域合作的协定》，拉开了中俄油气合作的序幕。此后，中俄油气合作步伐逐步加快，合作领域逐渐拓展，合作成果日益显现，合作范围从原油贸易逐步拓展到天然气贸易、勘探开发、油气管道、炼油化工、工程技术、技术研发、装备进出口等全产业链合作。

（一）油气勘探开发

中俄油气合作长期集中在贸易方面，涉及勘探开发、炼化的合作较少。2006年至今，中国石油企业在俄罗斯管理和运营着亚马尔项目、乌德穆尔特（年产量600万吨，中石化占股49%）、萨哈林3号、上乔项目（年产量890万吨，北京燃气占股20%）等油气勘探开发项目，其中多数项目处于勘探期或建设期，仅有乌德穆尔特项目拥有权益产量约300万吨/年。

2005年年初，中国石油化工集团公司（以下简称"中石化"）与俄罗斯石油股份公司签署了合作谅解备忘录，着手推动双方上游合作。同年7月，双方签署了关于建立合资企业共同开发俄罗斯远东油气田的协议，中石化获得萨哈林-3油气田25%的股份。此后，以中石化、中国石油天然气集团有限公司（以下简称"中石油"）为主的中国石油企业相继获得俄罗斯的乌德穆尔特、Dintemski、亚马尔等多个油气勘探发项目。

2014年以来,中俄关系深入发展,中国石油企业与俄罗斯分别签订了万科尔油田、鲁斯科耶油气田、尤鲁勃切诺—托霍姆油气田等合作框架协议。2014年11月,中石油与俄罗斯石油股份公司正式签署《关于万科尔油田项目合作的框架协议》,中俄在石油上游领域合作取得新突破,中方购买万科尔项目10%的股份。

2015年9月,中石化与俄罗斯石油股份公司签署了合作开发尤鲁勃切诺（Yurubcheno）—托霍姆（Tokhomskoye）和鲁斯科耶（Rosnneft）油气田的合作框架协议。根据协议,中石化有权收购东西伯利亚油气公司和秋明油气公司49%的股份。尤鲁勃切诺—托霍姆和鲁斯科耶油气田是俄罗斯石油股份公司重点开发区域之一,开发前景良好。合作开采其油气资源将使俄罗斯石油股份公司和中石化降低项目运营风险。双方合作还将提高项目在融资、技术以及施工等方面的能力。[①]

中国承包商积极参与俄罗斯远东地区大陆架油气田勘探和开发。例如,中海油田服务股份有限公司与马加丹海洋石油天然气公司、利祥斯基海洋天然气公司签署了2016年钻探两口探井的协议。这两口探井位于鄂霍次克海的"马加丹-1"区块和利祥斯基区块。中海油田服务股份有限公司以其半潜式钻井平台"南海9号"参与了竞标,凭借技术和经济指标的综合评分中标。经过评估,"南海9号"满足俄罗斯和国际相关要求,评估结果优异。俄罗斯石油公司的发展战略目标是实现最高效的油气勘探和开采,而亚太地区合作伙伴参与近海作业完全符合这个目标。中海油田服务股份有限公司的钻井平台将有助于优化项目的后勤保障系统,并推动俄罗斯石油公司与快速发展的

---

① [俄]克留科夫、塔卡列夫:《价值链分析:中俄油气合作案例研究》,《西伯利亚研究》2017年8月第4期,第19页。

中国钻探和油田服务市场合作。①

总体而言，中俄油气上游合作进展较难、规模较小、成果较少，与两国油气合作禀赋不符。中方市场以价格配置资源的决定作用未能得到发挥，中方在开拓俄罗斯上游业务时没有充分发挥资金优势。

（二）双边油气贸易

中国自 2000 年开始对俄石油贸易，当年经过满洲里口岸的铁路运输自俄进口原油近 150 万吨、成品油 250 万吨。之后，"贷款换石油"模式在中俄原油贸易中得以推广，极大地促进了两国原油贸易。2005 年，中俄签订 60 亿美元贷款项下合同期 5 年、总量为 4840 万吨的长期原油贸易合同。2009 年，中俄又达成 250 亿美元贷款项下合同期 20 年、年供原油 1500 万吨长期原油管道贸易合同。随着中俄原油管道正式投入运营，2012 年两国原油贸易量突破 2200 万吨。2013 年，中俄签署为期 25 年的原油增供框架协议，俄罗斯石油股份公司通过中俄原油管道逐步向中国增供原油 1500 万吨/年，通过鄂木斯克（俄罗斯）—阿塔苏（哈萨克斯坦）—阿拉山口（中国）原油管道增供原油 700 万吨/年，合同期 5 年，可延长 5 年。"俄罗斯还将通过海运向天津合资炼厂每年供应 910 万吨原油，累计新增供油量可达每年 3400 万吨。"② 2013 年，中石油和俄罗斯石油股份公司签署了 3.65 亿吨对华长期原油供应协议。中俄 2014 年石油贸易量超过 3300 万吨，占中国石油进口总量的 10% 以上。2015 年，俄罗斯向中国出口石油 4243 万吨，比上年增长 9%，占俄原油

---

① ［俄］克留科夫、塔卡列夫：《价值链分析：中俄油气合作案例研究》，《西伯利亚研究》2017 年 8 月第 4 期，第 19 页。

② 蒋奇：《贯彻落实开放理念 推动中俄油气合作稳健发展》，《北京石油管理干部学院学报》2017 年第 3 期，第 40 页。

出口总量的17%，占中国原油进口总量的13%。中国超过德国，成为俄罗斯石油最大的进口国。2008—2018年，"中俄双边贸易额增长超过1.5倍，达1100亿美元。俄罗斯对华能源产品出口量增长了2倍，成为中国最大的能源供应国。10年间，俄罗斯向中国出口超3亿吨原油、5500万吨成品油"①。预计到2030年，俄罗斯可对华供油5600万吨/年。俄罗斯石油股份公司作为第一个和中方签署长期贸易协议的俄方企业，"是中国最重要的成品油供应商之一。2009—2018年，该公司供应了3520万吨成品油。2018年，俄罗斯石油股份公司对华供应原油近5000万吨，保障了中国近6.5%的能源消费需求。在长期原油贸易合同的框架下，俄罗斯石油股份公司已向中国出口超过2.51亿吨原油，已签署的长贸合同中的原油供应总量将超过7亿吨"②。

中俄天然气合作启动较早，1992—1999年是双方天然气合作的准备阶段。1992年2月，时任国务院总理朱镕基访俄期间，双方企业签署了对从俄罗斯伊尔库茨克州科维克金气田到中国的输气管道进行经济技术论证的合作协议。1996年，中俄签订了《关于共同开展能源领域合作的协定》。2009年6月中俄签署《天然气合作谅解备忘录》。2009年10月，中俄签署《关于俄罗斯向中国出口天然气的框架协议》。俄方承诺每年经西线和东线向中国出口天然气近700亿立方米，其中西线方向为300亿立方米，东线方向为380亿立方米。2014年5月，中石油与俄罗斯天然气工业股份公司签署了中俄东线天然气购销合同，中俄能源合作迈上新台阶。根据合同，俄罗斯自2018年通过中俄东线天然气管道向中国供气，输气量逐年增加，最终达到每

---

① 《中俄能源合作成绩喜人潜力巨大——专访俄罗斯石油股份公司总裁伊戈尔·谢钦》，2019年5月22日，天然气工业网，http://www.cngascn.com/homeNews/201905/35539.html。

② 同上。

年380亿立方米，累计供气30年。2013年10月，中石油与诺瓦泰克公司签署了300万吨/年的亚马尔LNG贸易合同，合同期为15年。

"目前，俄罗斯对在所有油气领域与中国开展合作很感兴趣，包括：向中国供应油气，通过管道干线输送石油和天然气以及液化天然气，在俄罗斯和中国地区合作实施油气开采及加工项目（包括石化工业），以合资公司形式在俄罗斯制造和进口油气开采及加工设备。"①

（三）跨境油气管道

1996年，中俄开始论证建设俄罗斯至中国东北原油管道工程项目，但直到2009年2月17日两国副总理级能源谈判代表第三次会晤期间，双方在达成了"贷款换石油"的共识之后，才签署了石油管道建设与运营合同。中俄石油管道设计输送能力1500万吨/年，由中石油与俄罗斯石油管道运输公司合作修建，2011年1月1日投入运行。2018年1月，中俄原油管道扩能工程（二线）开通运营，输油管道输送能力增长到3000万吨/年。中俄原油管道起自俄罗斯远东石油管道斯科沃罗季诺分输站，经俄边境加林达计量站穿越黑龙江后到达漠河，再从漠河首站经塔河、加格达奇等地，途经黑龙江省和内蒙古自治区13个县市区，止于大庆林源末站，全长近1000千米，在俄方境内陆上长约63.4千米，跨两国边境的黑龙江穿越段长1.15千米，在中国境内陆上全长约932千米。

"2014年中俄签署远期年供气量380亿立方米、期限长达30年的中俄东线天然气供销合同。期间，俄方向中国提供1万

---

① ［俄］克留科夫、塔卡列夫：《价值链分析：中俄油气合作案例研究》，《西伯利亚研究》2017年8月第4期，第16页。

多亿立方米的天然气。中俄东线天然气管道俄境内段工程被命名为'西伯利亚力量'。该线路西起俄罗斯伊尔库茨克州维克金气田直至俄边境的阿穆尔天然气加工厂。"① 中俄东线天然气管道是世界上最长的天然气管道，总长 8000 多千米，设计输送能力达到 380 亿立方米天然气/年。工程于 2015 年 6 月开工建设，将分期建设北段（黑河—长岭）、中段（长岭—永清）和南段（永清—上海），2019 年 10 月北段投产，2020 年年底全线贯通。2019 年 12 月 2 日，在中俄两国元首的见证下，中俄东线天然气管道开通运营。

俄罗斯科学院西伯利亚分院石油与天然气地质研究所贡多洛维奇院士 1998 年提出了以西西伯利亚南部气田为气源、通过中俄天然气管道"西线"向中国出口天然气的方案。2006 年，俄罗斯提出基于西西伯利亚、东西伯利亚气田向中国出口天然气的双线规划方案。2014 年 11 月 9 日，中石油和俄罗斯天然气工业股份公司在北京签署了中俄"西线"天然气供应框架协议。俄方拟从西西伯利亚气田通过"阿尔泰"输气管道对华供气，年供气量 300 亿立方米。目前"西线"方案的合同谈判仍在进行中，双方在管道修建及天然气价格上尚存分歧。

2018 年 6 月青岛上合峰会期间，蒙古国总统巴特图勒嘎提议中俄天然气管道过境蒙古国。"穿越蒙古国的路线更长，但由于穿过草原地区，其成本比穿过阿尔泰山脉的天然气管道成本低，并且可将天然气输送到中国人口稠密的地区。"② "俄罗斯

---

① 《中俄天然气管道将向中国三个省份供应天然气》，2019 年 11 月 7 日，中国石油网，http：//www.cnpc.com.cn/cnpc/mtjj/201911/09931d3ffe27405ca76763d5893ce59a.shtml。

② "Российский газ может пойти в Китай через Монголию"，《俄罗斯报》（Российская Газета），2020 年 2 月 10 日，https：//rg.ru/2020/02/10/rossijskij-gaz-mozhet-pojti-v-kitaj-cherez-mongoliiu.html。

副总理阿列克谢·戈尔捷夫表示，普京总统根据与蒙古国总理乌赫纳阿吉因·赫勒苏克的约定，指示研究三国共同修建俄蒙中天然气管道的可能性。2019年12月5日，俄罗斯天然气工业股份公司首席执行官阿列克谢·米勒与蒙古国副总理乌·恩赫图布辛签署了一份备忘录，共同评估俄罗斯通过蒙古国向中国供应天然气的可能性。"①

（四）炼油化工合作

俄罗斯炼油能力较强，居世界第三，但炼油设备陈旧，二次加工能力偏低。俄罗斯炼油厂正在推行炼化装置现代化改造，这为中俄炼油化工合作提供了契机。2006年以来，中俄石油加工和石油化工合作逐步展开，在中俄天津炼油厂、俄罗斯克拉斯诺亚尔斯克市合成橡胶厂、上海丁腈橡胶和异戊橡胶等项目上建立合作。

2011年10月，中石化与俄罗斯西布尔公司签署合作备忘录，双方将分别在中国和俄罗斯设立两个合资公司生产丁腈橡胶，并计划在异戊橡胶及其他领域开展合作。2013年8月，中石化与西布尔公司签署克拉斯诺亚尔斯克市合成橡胶厂股份公司股东协议，认购该橡胶厂"25%股份+1股"并参与管理。克拉斯诺亚尔斯克市丁腈橡胶厂产能为每年4.25万吨，是俄罗斯最大的合成橡胶企业，市场份额达78%。2014年，双方签署协议，将在上海建设产量5万吨/年的丁腈橡胶工厂，中石化和西布尔分别占股74.9%、25.1%。2015年9月，中石化再次与西布尔公司签订战略投资协议，中石化获准分两次购买西布尔

---

① "Путин поручил изучить возможность строительства газопровода через Монголию в Китай"，俄罗斯塔斯社（ТАСС），2019年12月5日，https：//tass.ru/ekonomika/7276293。

公司20%的股份。2019年6月5日，中石化与西布尔公司签署了阿穆尔天然气化工项目合作协议，获准在该项目中拥有40%股份。中石化董事长戴厚良表示："阿穆尔天然气化工项目是中石化成为俄罗斯西布尔公司战略投资者以来又一次深度、务实的合作。双方将共同努力，分享行业最佳实践经验，发挥优势，将该项目打造成为两国能源合作向下游石化领域延伸的典范。"① "该项目是中俄两国第一个也是最大的化工合作项目，在俄远东地区实属首例。作为中俄天然气东线处理厂的配套化工项目，其在战略层面非常契合中俄两国能源发展需要，也较为符合俄罗斯远东经济发展总体规划。"②

2006年，中俄两国政府签署《关于中国、俄罗斯成立合资企业深化石油合作的基本原则协议》。中石油与俄罗斯石油股份公司合资成立中俄东方石化（天津）有限公司，计划投资40亿美元建设运作天津大港炼油厂，中俄双方分别占股51%和49%。该炼油厂设计产能为1600万吨，将成为中国华北地区加工规模最大的炼油厂，其70%的产能用于加工俄罗斯原油，原油深加工率达95%。俄罗斯的原油质量不仅能满足天津炼油厂车用燃料的生产，还能作为年产140万吨聚酯纤维—对二甲苯的主要生产原料。双方正在考虑建设年产能为100万吨的乙烯综合体项目，已经完成项目可行性分析，正进一步确认技术和商务参数。③ 此外，将建设大型石化设施，包括热解和芳香剂生

---

① 《中石化与西布尔签署阿穆尔天然气化工项目框架协议》，2019年6月6日，光明网，http://tech.gmw.cn/ny/2019-06/06/content_32899301.htm。

② 马政：《中俄油气合作的潜力和前景展望》，《能源》2019年第9期，第41页。

③ 《中俄能源合作成绩喜人潜力巨大——专访俄罗斯石油股份公司总裁伊戈尔·谢钦》，2019年5月22日，天然气工业网，http://www.cngascn.com/homeNews/201905/35539.html。

产单元以及由 300 个加油站构成的零售网络。① 2013 年，中俄政府签署了一份合作协议，内容包括上述天津炼油和石化综合工厂的建设和运营、石油勘探和生产，授予企业三个专有权利：独立的原油进口；石油产品和石化产品畅通无阻的出口；在国内市场销售自产石油产品和石化产品。2014 年 5 月，中石油与俄油签署《天津炼油厂投产及向该厂供应原油的工作进度表》，计划天津炼油厂 2019 年年底前建成投产。

2019 年 10 月 11 日，中国化学工程集团有限公司与俄罗斯天然气开采股份有限公司签署俄罗斯波罗的海化工综合体项目 FEED + EPC 总承包合作。该项目是全球最大的乙烯一体化项目，同时也是目前全球石化领域单个合同额最大的项目，合同金额约 120 亿欧元，合同履行期限 60 个月。该项目内容为建设天然气加工化工总厂，工厂装置主要包括：2 套年产 140 万吨乙烯裂解装置，6 套年产 48 万吨聚乙烯装置，2 套年产 13.7 万吨 LAO（年产 6.2 万吨 1 – 丁烯和年产 7.5 万吨 1 – 己烯）装置和场外设施（OSBL）等。该项目采用世界上最先进的工艺技术，所装配的石化联合装置将以其庞大的规模和工艺处理深度成为业主全产业链发展战略中最为重要的一环，将年产 280 万吨乙烯、288 万吨聚乙烯。

（五）"亚马尔液化气"项目

"亚马尔液化气"项目是俄罗斯北极地区首个大型凝析气田与 LNG 一体化项目，也是中国在俄罗斯最大的投资项目，由俄罗斯诺瓦泰克公司控股 50.1% 并负责运营，中石油参股 20%，丝路基金参股 9.9%，法国道达尔参股 20%。该项目是集天然

---

① ［俄］克留科夫、塔卡列夫：《价值链分析：中俄油气合作案例研究》，《西伯利亚研究》2017 年 8 月第 4 期，第 18 页。

气和凝析油开采、天然气处理、LNG制造和销售、海运于一体的大型上游投资开发项目，拥有的南坦姆贝凝析气田的天然气和凝析油地质储量分别为1.3万亿立方米和6000万吨。项目计划年产250亿立方米天然气和100万吨凝析油。该项目分别于2017年、2018年、2019年建成投产3条550万吨/年生产线，配套年产LNG1650万吨，中国每年从中购买400万吨。

"亚马尔液化气"项目所享受的俄罗斯税收优惠政策包括：天然气及其冷凝物开采零税率，降低所得税税率，免收财产税，液化气和天然气冷凝物零出口税。"亚马尔液化气"项目的资源基地南坦贝姆凝析气田如在12年开采期的开采总量不超过2500亿立方米，政府免除天然气开采税。同样条件下可免除财产税，所得税税率由18%降低为13.5%。工厂建成前，股东在购买俄罗斯国内不生产的设备时可免付增值税。工厂建成后，股东可享受液化气零出口税。"亚马尔液化气"项目得到了直接补助。2015年，俄罗斯政府同意使用国家福利基金1500亿卢布购买"亚马尔液化气"项目的股票。项目配套工程萨贝塔货运港总投资960亿卢布，其中国家拨款710亿卢布。2014年，诺瓦泰克公司因受制裁而融资艰难，项目三分之二的投资转由中国进出口银行和中国国家开发银行提供。这两家银行于2016年提供了120亿美元贷款，创造了"一带一路"资金融通的范例。

"亚马尔液化气"项目是高质量、高标准的典范：一是在极地气候下钻井使用了不少特有关键技术。在南坦姆贝凝析气田共有4台极地低温钻机。如此大型气田共钻井208口，分布于19个井场，高度集成。二是LNG工厂模块化建厂。工厂采用全新的现代化建厂模式，由全球多个国家建造的142块模块构成，现场组装，解决了现场大规模施工难题，大大节约了建设成本。三是在冻土带施工并保护极地环境。当地每年6—9月是一片泥泞苔原地表，其余时间冰雪覆盖，永冻土厚度300—500米。为保护环境和稳定地基，需打入深度50米以上钢柱10万多根，使用热稳定装置超过10万套。四是建造原子能破冰船和LNG运输船。多数运输船都具有极地最高级破冰功能，具备顶级科技含量。五是开辟北极航道。沿北极东北航道运输，航行时间和成本都节省了近50%，同时为中俄两国、远东和欧洲国家开辟了崭新航道。六是在北冰洋岸边建萨别塔港码头和萨别塔机场，使其具有防冰、保温、抗暴风雪功能。

"亚马尔液化气"项目"带动了中国装备制造和材料出口达76亿美元，4艘船由上海沪东造船厂制造，带动了85亿美元的船运服务，带动国内制造升级换代比较明显"[①]。中石油、中海油、宝钢等企业获得了工程分包和设备供应等合同。2014年7月，中国海油工程公司获得了"亚马尔液化气项目"价值101亿人民币的订单，这是其成立以来中标金额最大、技术等级最高的一笔订单，也是中国公司首次承揽液化天然气核心工艺模块建造项目。

"亚马尔液化气"项目上积累的合作经验为中俄企业开展后续合作打下了坚实基础。继"亚马尔液化气"项目之后，俄罗斯又提供北极LNG-2项目等新项目合作机会，并提议两国合作扩建北冰洋沿岸多个码头及共同建设北极航道。2019年4月25日，在第二届"一带一路"国际合作高峰论坛召开之际，中国石油国际勘探开发有限公司与诺瓦泰克公司签署了北极LNG-2项目合作框架协议，将收购北极LNG-2项目10%的权益。位于戈旦半岛上的北极LNG-2项目产能1980万吨/年，计划2022—2023年投产第一条生产线，其液化厂85%的模块由中国企业制造。

---

① 刘贵洲：《亚马尔之后中俄油气合作还能够走多远？》，《中国投资》2019年5月第9期，第35页。

六 中俄油气合作模式分析

纵观中俄油气合作历程可见，两国油气合作虽然潜力巨大，但是只是在最近十余年才开始得到加强，并呈现出不断加快的趋势。究其原因，一方面是双方的传统合作伙伴都不是对方，而彼此了解需要有一个过程；另一方面是美国的"页岩革命"、西方对俄制裁、俄罗斯远东大开发、"北极航线"开辟、中国日益重视清洁能源等因素对中俄油气合作影响巨大。经过不断磨合，中俄油气合作模式的轮廓初步显现，其未来将更为清晰，主要包括政经良性互动、上中下游一体化、多业一体化三方面，呈现出诸多特点。需要强调的是，这里所指的一体化并非中俄大公司合并，而是指它们在业务上相互补充，股权上相互交叉，利益上相互捆绑，从而达到优势互补、互利共赢的全链条的全面深度合作。

（一）政经良性互动

国际油气合作事关重大国家利益，能源外交是国家外交的重要组成部分。因此，中俄政府均深入介入能源国际合作，与能源企业形成密切互动关系。这种政经互动模式突出了政府引领、企业唱戏的特点，使中俄能源合作在国家安全、能源外交、规划与政策、大企业与大项目引领下朝着一体化方向发展。

1. 国家安全引领

中国的能源需求占全球的近25%，能源对外依存度逐年上升。2018年，中国的石油和天然气对外依存度分别达到72%和43%。俄罗斯经济结构畸形，油气出口收入占其外汇收入一半以上。因此，能源安全事关两国重大国家安全利益，而能源安全问题不能仅靠市场机制解决，需要政府宏观把控、统筹协调。

2016年迄今，俄罗斯蝉联对华原油出口冠军。2018年，俄罗斯对华出口的原油总量达到7149万吨，同比增长19.7%，占原油进口总量的15.4%，比第二大对华原油出口国沙特多出近1500万吨。俄罗斯天然气在中国市场的份额迅速扩大。随着中俄东线天然管道的开通，俄罗斯必然成为对华天然气出口第一大国。据中国国家能源局预测，未来中俄天然气年交易量将超过700亿立方米。俄罗斯历来将能源视为地缘政治工具，与乌克兰"斗气"，通过廉价能源促使白俄罗斯与其联合，通过与欧洲联合修建"北溪2号"天然气管道拉近俄欧关系，并在美欧间制造矛盾。在此情况下，中国出现了关于对俄能源依赖过大的疑虑。对此，中国政府从双边关系发展和世界局势变化的角度进行了宏观把控，继续坚定地深化中俄能源合作。

中俄能源合作的深度取决于政治关系是否能够长期巩固。从双边关系看，中俄汲取了历史经验教训，深知只有世代友好，才能将相互防范的代价降到最低，将互利合作的收益提到最高。作为世界新兴大国，中俄在改造世界秩序、实现共同发展等方面有相同或相似的主张。所以，无论国际风云如何变幻，中俄关系始终持续发展，在2019年被两国元首提升到"新时代全面战略协作伙伴关系"新高度。两国关系的民意基础不断加强，中国已多年被俄罗斯民众视为最友好国家。

从世界局势看，美国将中俄作为全球战略对手打压将是一个长期过程。美国挑动乌克兰问题促使西方对俄实施制裁，俄欧关系短期内难有实质性恢复。美国加大对华遏制力度，不断给中国制造各种麻烦，极力破坏"一带一路"建设，试图在国际上抹黑和孤立中国。在美国的战略压力下，中俄相互战略倚重加大，战略协作的内在动力加强。

石油是工业的血液。美国得益于"岩页革命"一跃成为世界最大的油气生产国，其页岩油开采成本已经降到40美元一桶，低于中国等很多国家石油开采成本。美国2017年对外出口每天36亿立方英尺的天然气，预计到2023年，其将成为全球最大的LNG的出口国。能源与新兴大国经济密切相连，美国从而具备打压中俄等国的新手段。

中国的大部分原油经过海上运输，每年经过霍尔木兹海峡运回中国的原油大概有1.5亿吨到2亿吨。美国在通过激化伊朗问题在霍尔木兹海峡制造紧张局势，在中国南海问题上不断制造矛盾，加大了对中国海上能源运输通道的威胁。美国试图从国际市场上挤出部分石油产能，对伊朗、委内瑞拉实施严厉制裁和打压，控制伊拉克的石油生产，给俄罗斯、苏丹和叙利亚石油生产设置障碍，在中东不断制造动荡，这些严重威胁到中国海外油气来源地。中国从俄罗斯增加油气进口，有利于减少海上运输风险和获取稳定供给。

国际能源价格长期低迷且俄罗斯短期内无法摆脱对能源收入的严重依赖，其财政预算就是以42美元/桶国际油价为底线制定的。普京无论从提升国家实力、维系军力，还是从巩固政治威望的角度，都必然大力发展经济和保障民生，因而急需大量增加财政收入，为此只能增加能源开采与出口。欧洲市场是俄罗斯油气出口的传统市场，所购油气分别占俄罗斯油气出口总量的80%和60%。然而，欧盟能源战略以降低对俄油气依赖为目标，欧盟委员会2008年规划了"南方天然气走廊"，计划使欧盟到2020年将从中东和里海沿岸国家进口的天然气份额提升到20%，从而减少俄罗斯天然气的进口。对此，"俄罗斯能源部 2014 年 2 月出台了《2035 年前能源战略》草案，明确提出油气出口多元化目标，计划到 2034 年将俄罗斯油气出口的亚太市场份额分别从 12% 增加到 32%，从 6% 增加到 31%"①。西伯利亚和远东地区的油气产量正步入高峰期。"东西伯利亚的石油产量增加至 6100 万—6900 万吨（2030—2035 年），远东联邦区的石油产量将达到 3400 万—3800 万吨。2035 年之前，俄罗斯东部地区的天然气产量将超过 1800 亿立方米。"② 此后，由于对亚太国家特别是中国的能源合作进展顺利且俄财政对能源收入需求增加，俄罗斯加快了进军亚太能源市场的步伐，"计划 2020 年对亚太市场的原油供应占原油出口的 30%，天然气占出口的 25%"③。

中国作为与俄罗斯接壤的规模最大、增长最快的能源市场，"2017 年天然气需求量达到 2370 亿立方米，比上年增长了 15%。2018 年上半年，天然气需求量同比增长 17%。专家预测，到 2030 年，中国天然气需求量将再翻一番，达到 4800 亿立方米。中国自身的天然气开采量增长缓慢，从俄罗斯购气成为中国自然而可靠的选择"④。俄罗斯谋求加强对华能源出口，此举亦将加强俄罗斯对欧能源谈判中的地位。俄罗斯国家石油管道运输公司副总裁谢尔盖·安德罗诺夫指出，"2018 年 1—5 月俄罗斯通过斯科沃洛季诺—漠河石油管道以及经过哈萨克斯坦

---

① 《俄罗斯能源部发布 2035 年前能源战略草案》，2014 年 2 月 19 日，国家能源局网站，http://www.nea.gov.cn/2014-02/19/c_133126038.htm。

② [俄] 克留科夫、塔卡列夫：《价值链分析：中俄油气合作案例研究》，《西伯利亚研究》2017 年第 4 期。

③ 蒋奇：《贯彻落实开放理念 推动中俄油气合作稳健发展》，《北京石油管理干部学院学报》2017 年第 3 期。

④ 《俄气公司计划加倍对华天然气供应 西线管道年输气 300 亿立方米》，2018 年 9 月 19 日，商务部网站，https://www.yidaiyilu.gov.cn/xwzx/hwxw/66682.htm。

向中国出口的石油数量增长 0.5 倍。2018 年 1—5 月俄罗斯对欧石油出口量同比减少 16%，达到 5110 万吨"①。"基于俄罗斯的资源禀赋及对全球能源格局研判，中俄油气合作仍有很大潜力，油气贸易量、上游合作产量、油田工程技术服务合同额最终目标可望在现有基础上翻数番。"②

在中俄政府引领下，中俄油气合作建立在互利共赢基础之上，符合两国国家利益，其规模日益扩大，合作广度和深度不断拓展，并朝着一体化的方向发展。这不但有利于两国油气合作的长久发展，也为两国关系发展夯实了基础。

2. 能源外交引领

中俄油气合作对地区乃至世界能源秩序都会产生深刻影响。中俄在中亚都有巨大的能源利益，中亚有四条天然气管道通向中国，每年向中国输送 480 亿立方米天然气。中俄石油贸易的部分原油经哈萨克斯坦石油管道输送。美国为首的西方国家极力弱化中亚与中、俄的能源合作，早在苏联解体初期便抢占了中亚大量油气区块。美国推动修建了绕过俄罗斯的巴杰石油管道，并力促哈萨克斯坦等中亚国家加入这条管道。西方的意图与中亚国家能源合作多元化的目标相符，哈萨克斯坦等国积极推动美国参加里海和中亚五国能源会议。为降低美国等西方国家的破坏性作用和维护中亚能源秩序的稳定，中俄将在上合组织多边经济合作以及"一带一路"与欧亚经济联盟对接合作框架下引领两国油气企业参与更多大型多边油气合作项目。

日本、韩国主要从中东等地区进口液化天然气，其价格高

---

① 《2018 年俄罗斯对华石油出口量或增长 45%》，2018 年 6 月 15 日，俄罗斯卫星通讯社，http://sputniknews.cn/economics/201806151025667661/。

② 刘贵洲、肖伟、高蓉：《对俄油气合作仍需韧而前行》，《中国投资》2019 年第 13 期。

于欧盟从俄罗斯进口的管道天然气。中俄东线天然气管道开通使东北亚首次出现价格低于中东、美国液化天然气的管道天然气，对东北亚天然气市场影响巨大。中俄加强油气合作将推动俄罗斯远东地区油气开发，从而增加对东北亚国家油气供应。未来，中俄油气企业有可能在两国政府引领下，通过一体化合作方式在东北亚油气供给、定价等方面达成默契，共同保障东北亚能源秩序稳定。

面对新一轮世界能源格局变化，中俄能源领域战略协作日益深化。中俄政府在构建世界能源新秩序方面紧密配合，积极推动G20框架下的能源合作，与国际能源宪章组织、国际能源署、石油输出国组织等能源国际组织加强合作，推动上合组织能源俱乐部发挥更大作用，努力为本国能源企业创造更加有利的国际合作环境。两国油气企业将有更多机会参与对方的国际合作项目。

3. 规划与政策引领

国际油气合作事关重大国家利益，必然在国家战略框架下开展。政府作为国家战略制定者，会以制定规划和政策的方式引领国际油气合作。中俄政府交流机制健全，在两国政府首脑定期会晤机制下建立了中俄能源合作委员会，政府首脑和相关部门领导定期会晤，就能源合作中的重要问题开展协商。跨境油气管道建设等重大油气合作项目都需要得到两国政府批准。在俄获取战略性油气资源还需经杜马批准，而只有符合国家战略需要的项目才会得到批准。两国政府审批部门会牵头组织专家论证，与相关部门会商，然后与对方政府部门进行磋商。

中俄都重视战略规划，两国元首要求在2024年将双边贸易额提升到2000亿美元。为实现这一战略目标，能源合作至关重要，政府需加强顶层设计，与企业共同制定对俄能源合作规划，并将能源合作所涉及的金融、油服、炼化、装备、造船等诸多领域合作纳入规划之中。同时，中俄政府都有较强的统筹协调能力，可更好地为油气合作大项目协调相关资源。

政府负责发放许可文件、开展技术鉴定、划拨建设用地（包括设立跨境管道建设所必需的"封闭区"），制定石化产品进出口的财税、口岸、通关、商检质检互惠政策，等等。政府往往对那些符合国家战略需求的油气合作项目提供政策支持，这也是项目成功运行的重要保障。比如，俄罗斯政府为"亚马尔液化气"项目制定了一揽子优惠政策。相对而言，俄罗斯的政策变动较大、较快。俄罗斯政府有时为限制油气公司谋求高额利润而修改资源开发税收政策。比如，2003年6月出台的《对俄罗斯联邦税法典第二部分补充条款》使"适用于产品分成协议的税收制度"生效，使产品分成协议条件更为苛刻。鉴于政府间协议效力通常高于国内法，中俄政府可在国际法体系下通过签署政府间协议为重点油气合作项目提供税收等方面的保障。

4. 大企业与大项目引领

中俄油气大企业均属纵向一体化垄断企业，基本上都是国有企业，俄罗斯天然气工业公司和俄罗斯石油股份公司甚至拥有某些政府职责，比如石油出口和石油天然气田的开发权。这些企业与政府关系密切，能够服从国家战略需要和政府指令。企业作为市场主体，极力避免市场风险，追求利益最大化，难免局限于企业利益和视野。比如，在中俄原油贸易价格谈判以及管道天然气价格谈判中都出现了双方企业互不相让、久拖未决的情况。但是，双方企业最后总能在本国政府推动下达成一致。当然，政府并不是要求本国企业进行无原则让步，而是促使企业从国家利益大局和企业长远利益出发放弃利益最大化诉求。

目前，中俄油气合作以大企业和大项目为主，这是因为俄罗斯的常规油气勘探、开采、运输和加工的技术和工艺设备比较成熟，留给外资项目的通常是偏远地区油田、边际油田、大陆架或地质结构复杂的高勘探成本油田，合作伙伴因而需要承担较高的资源、技术和资金风险，只有大企业才具有这个能力。另外，俄罗斯政策变化较快，大企业有可能通过政府协议的方式锁定大项目优惠政策，从而保障项目的稳定收益。

随着中俄油气大项目的推进，双方合作延伸领域日益宽广，大企业对中小企业参与油气合作的带动作用日益明显，正在形成"大企业和大项目引领，中小企业跟随"的合作模式。比如，中石油和俄罗斯石油股份公司共同主办的中俄能源商务论坛每年都邀请两国近百家能源行业及相关金融、制造业等领域的企业，对中俄在油气、核能、电力以及金融领域合作关键问题进行讨论。俄罗斯石油股份公司总裁伊戈尔·谢钦指出："我们希望论坛日程将更加丰富，推动中俄商务合作行稳致远。两国应当共同努力，不断挖掘经济合作潜能，这不仅关乎能源行业的未来，更关乎整个地区未来的发展。我们只有携起手来，才能汇聚各自力量，联手应对挑战。"[1]

（二）上中下游一体化

俄罗斯具有油气资源优势，但其将大型油气区块视为战略资源，对外企占股比较谨慎，也不愿意仅向国外提供原油，而是更希望出口高附加值油气产品并分享下游市场。中国具有油气市场优势，但油气销售市场对外开放程度不高。中俄油气合作早期以贸易为主，受国际油价变动的影响较大，也不符合双

---

[1] 《中俄能源合作成绩喜人潜力巨大——专访俄罗斯石油股份公司总裁伊戈尔·谢钦》，2019年5月22日，天然气工业网，http：//www.cngascn.com/homeNews/201905/35539.html。

方拓宽合作领域的需求。在此情况下,俄罗斯开始向中国开放上游区块,而中国开始向俄罗斯开放下游市场。2005年7月,中石化与俄罗斯石油股份公司签署了关于建立合资企业共同开发俄罗斯远东油气田的协议,因而获得俄罗斯萨哈林-3油气田25%的股份。中石油与俄罗斯石油股份公司于2006年10月合资成立了中俄东方石化(天津)有限公司,于2014年10月签署了《关于进一步深化战略合作的协议》,"双方约定将在油气上游勘探开发、下游炼厂建设和贸易领域开展一体化合作,同时将合作范围拓展至工程技术服务、装备制造和科技研发等领域"[①]。俄罗斯西布尔公司则通过与中石化合资建立合成橡胶厂项目进入了中国下游油气产品精炼领域和成品油气市场。

近年来,俄罗斯对华油气上游开放力度加大,以上游资源换取中方投资和下游市场并与中方共建油气国际贸易基础设施的意愿加强,其主要原因:一是在美国油气开采量迅猛增加的情况下,油气博弈重点开始由争夺资源变为争夺市场。二是国际油气价格长期低迷且西方经济制裁导致俄罗斯融资困难、融资成本增加,很多俄罗斯油气企业资金匮乏、债台高筑,步入减产甚至停工、破产的境地。这些企业非常希望引入中国资金,并愿意为此转让公司股权和上游开发许可证。为保生产、保就业,俄罗斯政府对向外资转移上游资源的限制有所松动。三是俄罗斯开发远东和北极地区油气资源需要大量外部投资和先进技术装备,而所开采油气的主要销售市场是亚洲,因此更重视亚洲合作伙伴特别是敢于突破西方制裁限制的有实力伙伴。俄罗斯石油股份公司总裁谢钦谈道:"我们希望与中国伙伴的合作不止于油气贸易,希望中方能与俄罗斯石油股份公司一道开发

---

① 《中石油与俄气集团及俄罗斯石油公司签合作协议》,2014年10月15日,新浪网,http://finance.sina.com.cn/chanjing/gsnews/20141015/150620546338.shtml。

东西伯利亚和大陆架区域较难开采的油藏，投资建设油气处理厂，发展俄罗斯基础设施建设，尤其是俄罗斯东部地区的交通走廊建设。如果谈到双方未来合作的新增长点，我认为可以是对俄罗斯北极和远东大陆架地区的油气资源开发，在这个合作中还可以考虑吸引中海油田服务股份有限公司等企业一起合作。此外，还可以开发北部航道的航运业务，以及拓展在石化和天然气加工方面的合作机会。我认为这些项目的实施将产生巨大的协同效应。"① 在这种情况下，中国企业进入俄罗斯上游的机会日益增多，中俄双方可能通过合资、换股等方式进一步强化上下游一体化合作，从而对冲国际油价波动风险，确保上游供应和下游市场的长期稳定，并拓宽合作领域，提升合作效益。

  中国的炼油、石化企业在资金、技术、管理和市场营销上都取得了巨大成绩，完全有条件在俄罗斯投资兴建炼化企业和满足俄方多种需求。2018 年中国炼油的能力是 8.4 亿吨/年，仅次于美国居世界第二位，占世界炼油总能力的 16.5%。乙烯产能达到 2505 万吨/年，位居世界第二，占世界乙烯总产能的 14%。合成树脂产能 8523 万吨，合成橡胶产能 623 万吨，合成纤维产能 6206 万吨，分别占世界总产能的 29%、32.3%、66.3%，都位居世界第一。中国已具备依靠自主技术建设千万吨级炼厂、百万吨级乙烯、百万吨级芳烃以及下游衍生物生产装置的能力。与此同时，中国的炼油和部分石化产品产能出现严重过剩。"国家发展和改革委员会下放炼油项目审批权后，地方政府出于吸引投资、发展经济等考虑，不顾全国炼油产能已经严重过剩的局面，继续新建炼油厂，其效率、收率总体上均好于现有炼厂，但落后产能的置换，实际上处在失控状态。"②

---

  ① 《中俄能源合作成绩喜人潜力巨大——专访俄罗斯石油股份公司总裁伊戈尔·谢钦》，2019 年 5 月 22 日，天然气工业网，http://www.cngascn.com/homeNews/201905/35539.html。

  ② 孟莹：《2020 能源机遇》，《中国石油报》2020 年 1 月 1 日。

俄罗斯的炼油和石化产业的发展潜力巨大，非常欢迎中国投资。俄罗斯专家指出，"中俄两国开展合作时，考虑地区性利益也很重要。对于俄罗斯的资源生产型地区（如西伯利亚地区），油气生产本身并不重要，重要的是西伯利亚地区的油气生产和加工可以带来的社会和经济效益"[1]。中国进军俄罗斯炼油和石化产业可解决国内产能过剩问题，可充分依托俄罗斯廉价油气资源面向国际市场生产高附加值石化产品，从而降低生产成本，保障原料供应稳定，使企业持续获得良好收益，还可把一部分附加值和社会效益留在当地，从而提高俄罗斯地方政府与中国开展经济合作的积极性。中国企业已经通过参加俄罗斯多个石化重点项目建设得到了俄方认可，未来两国企业在此方面的合作将进一步拓展。得益于中俄油气合作，使西伯利亚油气产区到远东港口的输送管线得以修建，海参崴等远东地区交通要地将出现更多炼油和石化企业。比如，俄罗斯计划使别洛戈尔斯克成为世界氦生产中心，在这里面向亚太市场生产聚合物、低压和高压聚乙烯、乙二醇、聚丙烯和商用氦精矿。俄罗斯在阿穆尔州建立了阿穆尔天然气加工厂，在雅库特的阿尔丹市建立天然气加工厂和炼油厂。中俄有可能通过在这些交通要地共建石油化工园区的方式吸引更多下游中小企业赴俄投资建厂。

（三）以资源为中心的多业一体化

虽然中国市场对俄吸引力巨大，但是印度、韩国、日本等亚太国家的油气需求亦非常旺盛，其是中国开展对俄油气合作的竞争者。俄罗斯正在努力完善经济结构，振兴本国实业，摆

---

[1] ［俄］克留科夫、塔卡列夫：《价值链分析：中俄油气合作案例研究》，《西伯利亚研究》2017年第4期。

脱能源依赖，将燃料能源综合体视为带动国家现代化和落后产业发展的火车头，因此在对华能源谈判中经常会提出能源合作与金融、制造业等产业"挂钩"的方案。"挂钩"方案由于通常超出中方合作伙伴的业务范围，增加了谈判的复杂性。然而，随着双方合作的深化，中方发现满足俄方的"挂钩"要求不但可以促成油气合作，而且能够获得增值收益。中国作为世界制造业头号大国，有能力向俄方提供各产业所需资金、技术和设备等。由于油气合作属于战略性大项目，通常能够在协调各方资源时得到政府支持。因此，中方甚至主动将油气合作与制造业订单"挂钩"，比如中方投资"亚马尔液化气"项目时为本国制造业赢得了大量订单。在这种情况下，中国相对于印度等国对俄吸引力增加，中俄油气合作开始向以油气资源为轴心的全链条多行业一体化合作模式发展。

1. 资源与金融一体化

国际油气合作具有很强的金融属性，需要巨额资金投入和金融工具支撑。国际能源价格下跌以及西方金融制裁，沉重打击了俄罗斯石油生产和贸易，却给中俄金融合作带来了契机。俄罗斯迫切希望通过对华油气贸易扩大国际融资规模，因此向中国提出"石油换贷款/预付款"方案。2005年，中俄签署长期石油供货协议，中方向俄方支付60亿美元，俄方在2005—2010年向中国出口4840万吨石油。中国2009年与俄罗斯签署协议，以6%左右年息向俄方提供250亿美元长期贷款，俄方则以石油为抵押在2011—2030年通过管道对华出口3亿吨石油，平均每年出口1500万吨石油。"石油换贷款/预付款"极大地促进了中俄石油贸易，也为两国企业开展全产业链合作创造了机会。

中方在获得持股俄罗斯上游油气区块的机会之后，开始肩负起为所入股的俄罗斯公司提供融资服务的责任。比如，在

"亚马尔液化气"项目中,中方负责所有的融资。随着俄罗斯油气企业融资需求加大,其将中国引入成为战略投资者的意愿不断加强。未来,中方有可能创新金融合作模式,为合资企业发展提供更多资金,同时也将促使越来越多的中国金融机构进入俄罗斯市场发展。

中国将人民币国际化作为对外经济合作的一个重要目标,俄罗斯为躲避美国制裁极力推动"去美元化",打击美元霸权因此成为中俄战略协作的重要领域。美元霸权的重要支柱是油气贸易。中俄都在尝试在石油交易中减少美元结算,增加本币结算。2018年,俄罗斯将人民币在国家外汇储备中的份额增加到14.7%。2018年3月,以人民币计价的原油期货正式在上海国际能源交易中心挂牌,并得到了俄罗斯的积极响应。中国推出的人民币跨境支付系统(CIPC)得到了俄罗斯的大力支持,俄罗斯外贸银行很快便加入了该系统,并将该系统用于能源产品国际贸易结算。

2. 资源与实业一体化

油气合作涉及的制造业门类很多,包括高端海工制造、天然气液化气化和加注设施、装备和仪器制造、特种管材制造乃至专用船只制造,等等。目前,中国很多相关企业通过两国油气合作大项目进入了俄罗斯市场。中国制造的产品质优价廉且不受限于西方对俄高技术产品出口制裁,因此在俄罗斯市场具有较强竞争力。为进一步扩大俄罗斯市场份额,中国有可能向俄罗斯进一步转移相关制造业。

油气的价格与供给对冶金等高耗能行业影响巨大。中国是冶金大国,冶金产能出现过剩,迫切需要寻找能源成本较低、交通较为便利之地转移产能,以便提高收益和减少能源进口。目前,已有中国大型钢铁企业与俄方商洽利用俄罗斯廉价天然气在俄投资建设大型钢铁厂。由于能源严格按照计划供应,在俄建设冶金企业必然与俄油气企业形成捆绑。

2016年，"俄罗斯远东发展部发布公报称，中国提议将经济领域12大优先行业产能转移至俄罗斯。即中国可能会将相关企业迁至远东，但前提是必须遵守俄罗斯制定的环保要求。经济领域的优先行业包括建筑、冶金、能源、机械制造、造船、化工、纺织、水泥、电信、农业等"①。这些企业向俄罗斯转移是因为俄罗斯的资源和市场有巨大吸引力，而这些企业也是俄罗斯振兴实业所急需的。然而，俄罗斯远东地区营商环境相对较差，俄罗斯金融机构缺少可以帮助中国企业规避风险的金融产品，造成中国企业在俄进行实质性投资时总是顾虑重重、行动迟缓。鉴于中国对俄罗斯油气需求旺盛，俄罗斯油气资源可以成为优质抵押物为中国企业向俄罗斯投资建厂提供融资担保，中俄金融机构将为此进行必要的金融产品创新，俄罗斯油气企业将在中国制造业对俄转移中扮演日益重要的角色。

3. 资源与科技、服务业一体化

从油气产业发展趋势看，新技术将打开油气勘探开发新领域，没有技术突破也就无法获取更多资源，未来投资的资源导向将让位于技术导向。世界油气大国都在集中人力和物力，出台激励政策，推动油气高新技术研发取得突破性的进展。

中俄油气大企业都有较强科技研发能力，但科技创新引领能力不强，原始创新能力不足，缺少部分关键核心技术特别是高端石化产品生产技术，对西方油气装备技术特别是核心技术存在不同程度的依赖，都面临西方特别是美国的技术限制乃至封锁，因此双方迫切需要加强科技合作，形成科技研发共同体。

---

① 《中国提议将12大行业产能转移至俄远东地区》，2016年4月8日，新浪网，http://mil.news.sina.com.cn/dgby/2016-04-08/doc-ifxrcizs7048374.shtml。

俄罗斯油气大公司作为国有纵向一体化垄断公司，较为完整地保留了苏联时期的科研架构。比如，俄罗斯石油股份公司"29家科研设计院所的1.3万余名科研人员（包括700余位博士和副博士）为公司战略实施提供了理论基础，在发展科研设计中取得了一系列发明和科技成果，对本公司乃至整个石油行业都具有突破性意义"①。在美国等西方国家对中俄科技限制加大的情况下，两国油气公司科研机构需要加强合作，共同开展课题攻关，实现技术突破。并且，双方可通过联合科技成果共同开拓第三方市场。俄罗斯石油股份公司总裁谢钦指出，"2018年11月，俄罗斯石油股份公司和中石油签署了关于在科技领域合作谅解备忘录，约定双方将在中国、俄罗斯和第三国加强在油气藏勘探开发、炼油化工和工程技术服务等关键领域的协作，探索科技合作潜力。考虑到双方都具有极强的科研开发能力，合作前景必将更加广阔。发展提高油田采收率、开钻新井和新油藏勘探方面的先进技术，将是双方合作的潜在领域"②。中俄在石油化工科研测试装置的商业化开发利用、石油化工自动化智能化生产管理系统、石油化工企业间培训机构的合作、石油化工专利转让和科技管理机构的合作等领域的合作潜力巨大。随着信息技术、电子商务的迅猛发展，中俄在建设工业品互联网贸易平台等方面将取得更多合作成果，从而为两国油气合作解决信息不对称的问题。

俄罗斯油田服务市场巨大，并对亚洲公司更加开放。比如，"红星"造船厂建厂期间将使用中国企业的技术和设备。又如，俄罗斯石油股份公司在鄂霍茨克海大陆架开发勘探阶段引进了中国公司，还与"山东科瑞石油装备有限公司"签署了油田服

---

① 《中俄能源合作成绩喜人潜力巨大——专访俄罗斯石油股份公司总裁伊戈尔·谢钦》，2019年5月22日，天然气工业网，http://www.cngascn.com/homeNews/201905/35539.html。

② 同上。

务领域的战略合作备忘录。中国科瑞集团中标俄罗斯石油公司约6000万美元的油田设备供应项目，合同内容包括提供地层压裂所需的专用卡车和设备。2015年，提供油田设备的中国"杰瑞"公司与俄罗斯石油公司签订了一项合同，为其提供包括地层压裂项目在内的服务。据俄罗斯能源部估计，到2020年，俄罗斯钻机配件缺口数量将超过15万件。俄罗斯在北极大陆架石油勘探与开采技术领域持续落后。西方对俄实施大陆架油气开采高技术装备禁运之前，俄罗斯北极"普里拉兹洛姆纳亚"钻井平台的国产零件比例不超过10%，北极大陆架地区俄罗斯的地质勘探设备比例不足15%。中国自主研发的深水半潜式钻井平台"海洋石油981"能够在不超过3000米水深的海域进行钻探工作，钻井深度最多12000米。

中俄开展一体化油气合作必须重视保护生态环境，并将项目实施与社会发展融为一体。俄联邦主体领导由地方直选，因此其非常关注油气项目的社会和生态影响。中俄油气合作项目必须着眼于解决当地民众就业，通过培训提升当地员工的技能水平，同时采用最先进的环保设备和方法，严格遵守环保要求。随着中国企业这方面的意识不断加强，油气合作项目的社会属性和环保属性将进一步突出，从而为中俄油气合作的长远发展夯实基础。

中俄油气一体化合作将以双边为主，但具有开放性，因为双方都希望通过多元化合作战略分散风险，并整合更多资源。因此，其不但有利于确保中俄能源合作的长远发展，促进双边经贸合作，而且有利于建立公平、合理、开放、稳定的世界能源秩序。

七 俄罗斯能源领域法规

燃料动力综合体是俄罗斯经济的支柱，因此对该领域进行立法规范具有重要意义。能源领域的立法特点是国家政府机构被赋予广泛的监管权和监督职能，因为能源不仅在国民生产总值中占比高，而且其社会影响巨大，并且能源企业的生产具有一定危险性，需要从遵守工业安全规范角度满足特殊要求。

（一）俄罗斯能源领域法规概况

俄罗斯能源领域正在系统地进行结构性改革，早前优先建立在直接管控原则上的国家调控体系逐渐经历着变化。燃料动力综合领域的立法管理不够均衡和规范。无论是对所有参与者通用的民事流转法规，还是包含了专业领域法律条文和大量辅助条例的准则都被用于规范燃料动力领域企业的经营活动。

关于法人的通则在俄罗斯联邦民法典里有记述，并被全面用于规范燃料动力领域经营企业。绝大部分大型的能源企业是以股份公司形式成立，其运营的规范性基础法律条文是1995年12月26日通过的第208号《联邦股份制法》。考虑到很多能源企业还是上市公司，对这些企业也有相应的关于信息披露的法律规定。此外，燃料动力领域企业的股份流转受第39号《联邦股票市场法》约束,该法于1996年4月22日通过,对股票发行人公开信息加以规定和限制。

相当一部分的能源生产机构由国家管控(如天然气工业公共股份公司、俄罗斯国家电网公共股份公司、俄罗斯石油公共股份公司,等等),其均设有董事会。董事会的大多数席位都来自俄罗斯联邦代表,公司董事会才可以做出本公司重大决定。为保障俄罗斯联邦在董事会的利益,审议通过了以下监督机制:各大能源公司董事会的国家代表仅能依照联邦国有资产管理署下达的指令进行投票表决,而且联邦国有资产管理署下达指令前必须先经相关部委协商同意,再经联邦政府确认。指令下达的程序须遵守2004年12月3日联邦政府通过的第738号《关于联邦资产性质的股份管理及联邦参与股份管理的特殊权使用决议》("黄金股")。由此可以确定,能源公司的重大决定最初都获得了联邦政府的认可。

说到公共法律调控,必须指出的是,其中一个能源权利领域的基础法规就是1995年8月17日通过的第147号联邦法——《自然垄断法》。这一规范法律性法令规定了以下几项政府管理手段:

(1)通过确定(规定)价格(税率)或价格的极限水平来实现价格调控;

(2)确定应当提供服务的消费者群体,或考虑到保护公民合法权益、保障国家安全以及保护自然与人文的必要性,在由自然垄断主体所生产(实现)的产品需求不可能完全被满足的情况下,规定服务保障的底线[1];

(3)其他国家管控手段,如管理许可某些经营活动类型,对自然垄断主体的产品进行规格化及鉴定认证。

---

[1] http://www.consultant.ru/document/cons_doc_LAW_7578/(дата обращения 14.07.2019).

因很多燃料能源综合体系国有企业、自然垄断主体或者经营可控业务种类的公司，对上述主体采取的规范性法规是2011年7月11日通过的第223号《俄罗斯联邦购买法人各类产品、劳务、服务法》。该法规规定了指定公司及其子公司购买产品、劳务、服务必须进行的竞争性程序，并明确了违反相关程序的行政及刑事责任。

大多数燃料能源领域企业属国家管控，因此必须高度重视2001年12月21日通过的第178号《俄罗斯联邦国有、市有财产私有化法》。该法案规定限制这类企业从事私有化交易活动。根据该法案第五条关于通用规则的规定，国有和市有财产购买人的注册资本中含有联邦的份额，联邦和市政教育主体超过了25%，因而国有和市有财产购买人不能成为法人。

能源企业的取缔程序遵循俄罗斯联邦民法典的规定。有关企业的破产需根据2002年10月26日通过的第127号《俄罗斯联邦无力清偿债务（破产）法》实行。关于自然垄断主体的破产则另根据该法第六条专项规定实施。比如，同民事流转的其他参与方相比，根据该法第197条规定，对自然垄断主体启动破产相关程序有着更加严格的要求：破产可能由仲裁法庭提出，要求债务和债权人支付离职补助金和（或）为员工或根据劳动协议工作的员工支付劳务报酬，以及支付债务人应付债务——对自然垄断主体来说，总计数额将达到不少于100万卢布。《执行生产法》第94条第1部分第1—3点指出，上述要求应由执行文件确定且以诉请债务人追偿方式不能完全得到满足。①

其中一个燃料能源领域基本的规范性法律法规是1992年2月21日颁布的第2695-1号《俄罗斯联邦地下资源法》②。该法

---

① URL：http://www.consultant.ru/document/cons_doc_LAW_39331/（дата обращения 14.07.2019）.
② URL：http://www.consultant.ru/document/cons_doc_LAW_343/（дата обращения 14.07.2019）.

包含合理的综合性利用和保护地下资源的法律和经济原则,保障俄罗斯联邦国家及公民的利益,以及地下资源使用者的权利,但该法还被用于规范经营燃料能源领域不同业务范围的企业。

为了吸引能源领域投资,国家还实行了激励机制,如生产分配协议。该机制在20世纪90年代得到推广,不过上述协议至今仍然有效。例如,在生产分配协议基础上实施的柴沃矿区、奥多普图海矿区和阿尔库同—达格矿区开发("萨哈林-1"项目),皮里同-阿斯托诃斯基矿区和隆斯基矿区("萨哈林-2"项目)开发,以及哈里雅金斯基油田开发。生产分配协议受1995年12月30日颁布的第225号《俄罗斯联邦生产分配协议法》约束。该法规第二条明确了诸如合同一样的生产分配协议。根据合同,俄罗斯联邦在有偿服务和规定一定期限的条件下提供企业活动主体在协议中指定的、与该协议业务相关并蕴藏丰富地下资源的地段寻找、勘探、开采矿产原材料的执行权,而投资商有义务为实施上述工作承担资金和风险。协议中还规定了与利用地下矿产资源相关的必备条件,包括协议各方生产分配秩序和条件。①

联邦法中确定了一份有关蕴藏有地下资源的地段清单,具备生产分配条件的主体方可获得其使用权,其可获得由国家控制和列入统计的矿藏勘探的不超过30%的存储量。

燃料动力领域国有和民营合作的一个重要法律是2005年7月21日颁布的第115号《俄罗斯联邦租让合同法》,其规定,一方(承租人)须保证承担合同中规定的财产(不动产和动产,以及租让合同中规定的用于实现经营活动的技术性相关财产)建设和(或)改造费用,而财产所有权属于或将属于另一方(出租人),利用(运用)租让合同内的项目进行活动,而出租

---

① URL:http://www.consultant.ru/document/cons_doc_LAW_8816/(дата обращения 14.07.2019).

人在合同规定的日期内有义务为承租人提供开发和利用租让合同内的项目的权力,以此实现上述经营活动。在俄罗斯联邦,租让合同在热力工程领域得到了广泛的推广。

鉴于大多数燃料能源体系工程都属于危险性生产工程,燃料能源领域企业在自身经营活动中应当遵守1997年7月21日颁布的第116号联邦法——《俄罗斯联邦危险性生产工程工业安全法》以及2011年7月21日颁布的第256号《俄罗斯联邦燃料能源综合工程安全法》。[①] 这些法组成了保障俄罗斯联邦燃料能源综合工程安全领域的组织和法律基础,但其不涉及核动力领域工程。这些法还明确了俄联邦国家机构在上述领域的职权,以及具有所有权或其他燃料能源综合工程合法权的自然人和法人的权力、义务及责任。

(二) 俄罗斯天然气领域法规

俄罗斯联邦天然气工业市场核心主体是受国家管控的俄罗斯天然气工业股份公司。俄罗斯联邦持有该公司38.37%的股份。俄石油天然气股份公司和俄气化有限公司也是受国家管控,都持有俄罗斯天然气工业股份公司11.859%的股份。

俄罗斯天然气工业股份公司是经营开采、运输、储存、加工、出售天然气及天然气冷凝液、出售用于发动机燃料的天然气最大的一个骨干企业。其中一部分业务是公司集团的经营业务,属于自然垄断。俄罗斯天然气工业股份公司是拥有分支机构的控股集团,控股了很多相关公司。例如,专门经营开采天然气、生产和销售天然气燃料、能源运输、工业天然气工程设计、检修与建设等业务的公司。

[①] URL:http://www.consultant.ru/document/cons_doc_LAW_117196/(дата обращения 14.07.2019).

上市公司天然气工业股份公司是根据俄罗斯联邦 1992 年 11 月 5 日下达的第 1333 号总统令《俄罗斯国家天然气工业联合企业向天然气工业股份公司改革》成立的。股份法定资本由联邦资产的天然气统一供应系统财产组成，企业百分之百的资本投入支付该系统。①

天然气领域主要的专项法律是 1999 年 3 月 31 日颁布的第 69 号《俄罗斯联邦天然气供应法》。为了发展该项法律的基础条款，又通过了许多受法律约束的文件。

俄罗斯联邦天然气供应系统运行的基本原则依法而定。该法第 5 条规定，联邦天然气供应是俄罗斯联邦境内现行的天然气供应系统的总和：它们是统一天然气供应系统、地区天然气供应系统、天然气分配系统及独立机构。② 统一天然气供应系统是一个产业生产综合体，由技术上、组织上和经济上相互联系、集中统一管理生产的工程项目和其他工程项目组成，主要负责天然气开采、运输、储存和供应，属民法确立的机构所有，在俄罗斯联邦法通过的其他依据之上或构建或拥有以上工程项目的私有化进程中获得了以上综合体工程项目的所有权。统一天然气供应系统是俄罗斯联邦境内主要的天然气供应系统。根据第 15 条规定，归俄罗斯联邦所有或归股份公司所有的（其超过 50% 的股份属于俄罗斯联邦所有）统一天然气供应系统所有者机构的普通股票累积额不能低于 50% 且不低于统一天然气供应系统所有者机构普通股总量的一股。抛售或以其他方式转让这种普通股可根据联邦法来实现。因此，统一天然气供应系统唯一的所有者是俄罗斯天然气工业股份公司。

为确保天然气长期稳定供应，保障由天然气开采、运输和

---

① URL：http：//www.consultant.ru/document/cons_doc_LAW_5188/（дата обращения 14.07.2019）.

② URL：http：//www.consultant.ru/document/cons_doc_LAW_22576/（дата обращения 14.07.2019）.

供应的技术性制度联结起来的统一天然气供应系统工程安全且稳定地运行，禁止分割统一天然气供应系统。如要取消统一天然气供应系统所有者机构，只能根据联邦法来实现。与此相应，在该联邦法的规定中基本原则之一就是统一天然气供应系统的不可分割性。俄天然气工业股份公司无权出让属于统一天然气供应系统的工程项目（包括销售和将其划入其他公司法定资本中等）。

地区天然气供应系统是一个产业生产综合体，是由技术上、组织上和经济上相互联系、集中统一管理生产的工程项目和其他工程项目组成，主要负责天然气开采、运输、储存和供应。法律强调，地区天然气供应系统独立于统一天然气供应系统。

法律文件中还对配气系统进行了定义。即产业生产综合体是由组织上和经济上相互联系、用于运输和向其消费者在俄罗斯境内直接提供天然气的工程。根据《俄罗斯联邦天然气供应法》第27条规定，天然气供应系统所有者机构应当保障由俄罗斯联邦政府确立的天然气运输和配气网对任何在俄罗斯境内经营的组织进行非歧视性开放。

这些法律规定旨在实现一个目的：使作为天然气运输领域垄断者的俄罗斯天然气工业股份公司不会为其他市场参与者——通过俄罗斯天然气工业股份公司的天然气传输系统运输以销售天然气的小型开采公司设定条件。

1997年7月14日，俄罗斯联邦政府的第858号法令批准了确保独立组织进入俄罗斯天然气工业股份公司天然气运输系统的规定。该法规规定，俄罗斯联邦境内的任何组织都有权且不受歧视地使用俄罗斯天然气工业股份公司的天然气传输系统进行天然气运输。

《俄罗斯联邦天然气供应法》规定，只有在所供应的天然气质量符合国家标准且有经营执照的情况下，才能向消费者供应天然气。该法第32条规定，除了俄罗斯联邦立法在工业安全领域中规定的措施外，天然气供应系统的组织所有者还必须确保在天然气供应系统的设计、建造和运行阶段，采取一系列特殊措施，以确保此类设施的安全运行和本地化，减少事故和灾难等不良后果发生。

关于国家对定价领域制定的法规，有必要注意到俄罗斯联邦政府于 2000 年 12 月 29 日颁布的第 1021 号法令，该法令规定了"天然气价格形成的基本法则，以及在俄罗斯联邦境内对天然气价格、运输服务费以及天然气使用设备与配气网技术性连接的国家管控的基本规定"。根据该法规规定，天然气批发价格、通过天然气管道和配气网运输天然气的服务关税以及零售天然气价格等均受俄罗斯联邦国家法规的约束。根据俄罗斯联邦政府 1998 年 5 月 2 日颁布的第 162 号法令规定，天然气销售受《俄罗斯联邦天然气供应法》的约束。

2004 年 8 月 4 日，俄罗斯总统下达第 1009 号法令《关于批准战略性企业与战略性股份公司清单》，俄罗斯联邦天然气工业股份公司被列入股份公司名单，其股份归联邦所有，且俄罗斯联邦参与管理可确保俄罗斯联邦公民的战略利益、国家防卫与安全、道德、健康以及公民合法权益。①

至于提到俄罗斯天然气工业股份公司的财产管理规则，《联邦法》第三十九条关于"国家和市政财产私有化"指出，根据俄罗斯联邦政府决定，上述战略股份公司清单中的股份公司唯一的执行机构无权进行将股份转让到公司法定资本相关的交易，以及未经俄罗斯联邦政府或联邦执行机构允许，导致股份可能转让至委托管理局的交易。② 因此，俄罗斯天然气工业股份公司在 1993 年出售其缴纳的法定资本财产时，必须获得俄罗斯联邦

---

① http://www.consultant.ru/document/cons_doc_LAW_48777/（дата обращения 14.07.2019）.

② http://www.consultant.ru/document/cons_doc_LAW_35155/（дата обращения 14.07.2019）.

政府的初步批准，并以特别命令的形式予以执行。此外，由于俄罗斯天然气工业股份公司已被列入战略性股份公司和企业名单，因此必须考虑到，该股份公司以及其他类似公司也对外国投资者参与其法定资本有限制，这一考虑的根据即为2008年4月29日颁布的第57号《联邦法》关于"为确保国防和国家安全规范外国资本向具有战略意义的经营公司投资制"的相关规定。

对于燃料能源系统的能源公司（包括天然气生产商）而言，最重要的法律之一是1992年2月21日颁布的第2395-1号《俄罗斯联邦矿产资源法》。该法律包含合理综合地利用和保护矿产资源的法律和经济基础，为俄罗斯联邦国家和公民的利益以及矿产资源的使用者的权利提供了保护。法律规定了以下基本原则：俄罗斯联邦境内的矿产资源，包括地下空间和地下资源中所含的矿藏、能源和其他资源均为国家所有。矿产资源的所有、使用和处置问题由俄罗斯联邦政府和俄罗斯联邦国有实体共同负责。地下矿产不得以任何其他形式买卖、转让、赠予、继承、出资、抵押或转让。在联邦法律允许的流通范围内，地下矿产的使用权可以转让。根据许可条款，从地下开采的矿产和其他资源可能属于联邦政府和俄罗斯联邦国有实体所有，以及市属实体、私人和其他形式所有。

该法律对"具有联邦意义的地下矿产土地"的概念做出定义，第2.1条规定，这类土地包括独立的地下矿产部分，以确保国防和国家安全。具有联邦意义的地下矿产土地清单由俄罗斯国家地下矿产基金会的联邦理事机构按照俄罗斯联邦政府在俄罗斯联邦官方出版物中确定的方式正式公布。

法人根据俄罗斯联邦法律成立，如果俄罗斯联邦政府未对这类蕴藏地下矿产的土地使用权拍卖会的参与权设置其他限制的话，法人可能成为具有联邦意义的地下矿产土地的使用者。当然，俄罗斯联邦大陆架上具有联邦意义的地下矿产区域和位于俄罗斯联邦领土上并延伸至其大陆架的具有联邦意义的地下矿产区域除外。俄罗斯联邦大陆架上具有联邦意义的矿区受到更加严格的监控。这些矿区的开发者可以是根据俄罗斯联邦法律成立的法人实体,具有在俄罗斯联邦大陆架矿区开发至少5年的经验,其中俄罗斯联邦在注册资本中的份额(出资)超过50%,并且(或)俄罗斯联邦有权直接或间接支配参与有表决权的股份(股权)投票总数的50%以上,而这些股份就组成这类法人的注册资本。外资法人或外资控制的法人可根据俄罗斯联邦政府关于许可在某一矿产地区勘探和开采矿产资源的决定,在这一具有联邦意义的矿产地区对矿产资源实施勘探和开采。

根据一般规则,按照招标结果授予矿产地段的使用权,但根据国家权力机构决定,法律还规定了授予权利的理由。在实践中,经常出现这样的问题,即需要将矿区使用权转让。法律第17.1条规定了重办许可证的条件,在实际情况中最主要的条件是:矿产开发者固定的改组类型;如果被转让矿产区使用权的法人是根据俄罗斯联邦宪法成立,符合俄罗斯联邦宪法及宪法对矿产区使用者的要求,满足对该矿产区使用权的招标和拍卖条件,还获得矿产开采许可中规定的活动所需的财产,那么作为总公司的矿产地区使用者(法人)可向其子公司的法人转让使用权,作为子公司的矿产地区使用者(法人)可向其总公司的法人转让矿产地区使用权,以及在指定条件下根据指示可将矿产区使用权转让给同一公司的子公司。

(三) 俄罗斯石油领域法规

俄罗斯联邦石油工业市场最大的两大企业分别是俄罗斯国家石油公司和俄罗斯石油运输公司。俄罗斯国家石油公司的主要股东(50.00000001%的股份)是俄罗斯石油天然气公司,其100%的股份为国家所有。此外,公司的其中一股股份直接属于由联邦国家财产管理局代表的俄罗斯联邦。① 俄罗斯国家石油公司的主要活动是寻找和勘探碳氢化合物矿床，开采石油、天然气、天然气凝析油以及对石油、天然气及产品的加工。石油开采领域的另一个主要参与者是由俄罗斯天然气工业股份公司（该公司拥有 95.68% 股份）控制的俄罗斯天然气石油股份公司。

俄罗斯石油运输公司的主要经营活动是通过俄罗斯联邦和国外的主要管道系统提供石油和石油产品运输领域的服务。该公司是完全由国家管控——公司 100% 的有表决权的股份属于联邦财产。②

"天然气供应协议在特殊的监管法律法规中有相当详细的规定，而石油和石油产品的供应合同关系则没有类似的规定。在订立合同时，当事方应遵循俄罗斯联邦民法典的有关规范以及现行法律中有关供应关系的其他规定。"③ 2011 年 2 月 17 日，俄罗斯联邦政府第 90 号法令批准了将石油生产设施连接到俄罗斯联邦主要输油管道并对从事石油生产的企业进行会计核算的规则。④ 这些规则巩固了基本概念，例如，主输油管道、将采油设施连接到主输油管道、主输油管道的吞吐量、扩大主输油管道的吞吐量、正常（技术）油流量方案、连接采油实体的技术能力等。合同的基本条款包括技术规范、合同双方的权利和义

---

① URL：https://www.rosneft.ru/about/Glance/（дата обращения 02.06.2019）．

② URL：http://www.transneft.ru/about/（дата обращения 02.06.2019）．

③ URL：http://www.consultant.ru/edu/student/download_books/book/romanova_vv_energeticheskoe_pravo/（дата обращения 14.07.2019）．

④ URL：http://www.consultant.ru/document/cons_doc_LAW_110830/1363ccce9eaa9f802b5af6c36545da6a3cb9b1a3/（дата обращения 14.07.2019）．

务、将石油生产设施连接到主管道的完成期限和合同期限，以及将石油生产设施连接到主要输油管道的服务费用，包括计算和支付此类服务的程序支付额度。同时，将石油生产设施连接到主要输油管道的服务费用是根据组织管道运输以将石油生产设施连接到主要输油管道必需的补偿费用而计算的。

石油工业领域的另一项重要法律是俄罗斯联邦政府法令（2009年12月21日第1039号）批准的《关于将炼油厂连接至主要管道和（或）石油产品管道以及对炼油厂进行会计核算的规定》。[①] 这些规则规定了平等获取将俄罗斯联邦境内计划建设、设计、改建及维修的石油加工厂连接到主要的石油管道和石油产品管道并对石油加工厂进行会计核算的服务制，还规定了将工厂连接至主要管道以及在俄罗斯联邦注册工厂的手续。

2014年5月16日，俄罗斯联邦政府第451号法令批准了石油会计规则。该规则第1条规定建立实现脱水、淡化和稳定化石油的会计程序，以及从事石油和天然气生产的组织在生产过程中的实际损失。石油会计包括有关石油数量信息的收集、注册、综合和文件编制。

俄罗斯联邦政府于2007年12月29日颁布的第980号法令批准了国家关税规章制度或通过管道运输石油和石油产品的自然垄断服务的限制水平规定，上述规定确立了国家对其正确使用进行控制的程序。

（四）俄罗斯煤矿领域法规

煤炭企业改革的结果是，俄罗斯联邦煤炭开采市场上最大的参与者是民营公司，如西伯利亚煤炭能源股份公司、俄罗斯

[①] URL：http://www.consultant.ru/document/cons_doc_LAW_95243/（дата обращения 14.07.2019）.

库兹巴斯煤炭公司、南库兹巴斯煤炭煤炭公司。煤炭行业的法律法规通常集中在矿工的社会保障、地下矿产的使用、工业安全和环境保护措施等问题上。在煤炭行业的改革过程中通过了一项特殊的立法，即 1996 年 6 月 20 日的第 81 号联邦法关于《煤炭领域开采和使用的国家管理及煤炭工业组织工人的社保特点》。该法规的主要任务是使政府为煤炭行业的重组以及在煤炭行业的矿井（露天矿）、煤矿建设组织或煤炭开采（加工）的清算期间制定有关解雇工人和其他类别人员的社会政策措施提供融资支持。

2004 年 12 月 24 日，俄罗斯联邦政府第 840 号法令批准了重组煤炭行业的措施清单①，包括对下岗工人和其他类型员工提供社会支持，支持有关煤炭企业从事开采、加工和使用新技术，确保煤炭工业的安全工作条件并改善煤矿地区的环境状况，支付因对煤炭开采（加工）进行清理而解雇的工人的补偿及不可预见费用，以及工伤工人的赔偿金，实施地方发展计划并确保矿工城镇的就业等。

一项重要的以社会为导向的规范性法律是 2010 年 1 月 10 日颁布的第 84 号联邦法——《关于煤炭行业某些类型的工人的附加社会保障》，其确定了有权获得养老金补加费支付的人员范围、任命条件、核算给予养老金额外支付权利的服务期限、养老金额外支付的金额、作为依据计算养老金额外支付额度的收入、养老金额度的重新计算和调整以及用于支付养恤金补加费用的财务保障。

在煤炭行业的国家监管中最重要的是赋予工业安全性。根据《危险生产设施的工业安全联邦法》，煤矿以及其他地下和露天采矿设施属于不同危险级别的生产设施。涉及这些问题的法

---

① URL：http：//www.consultant.ru/document/cons_doc_LAW_50899/（дата обращения 14.07.2019）.

规还有俄罗斯联邦生态、技术和原子能监督局于 2014 年 10 月 14 日颁布的第 462 号《关于批准工业安全领域的联邦"煤矿粉尘防治指南"规范和规则》、2013 年 11 月 19 日颁布的第 550 号《关于批准工业安全领域的联邦"煤矿井安全准则"》、2011 年 12 月 1 日发布的《关于批准消除煤矿井事故的计划导则》等。

满足国家和市政需求的煤炭和煤炭产品供应合同在法律法规方面存在空白。此外，上述提到的联邦法关于《煤炭领域开采和使用的国家管理及煤炭工业组织工人的社保特点》没有包含与相关立法一致的要求和定义采矿（加工）领域以及煤炭和煤炭产品使用的一整套规定。缺乏对地下资源相关规定以及其他自然资源相关法规的参考规范。从环境保护的角度来看，煤炭工业最为复杂。在开采煤矿的过程中，不仅要遵守地下矿产资源相关法律要求，而且还要遵守水资源相关法规。①

（五）俄罗斯电能领域法规

电能领域现行的法律数量很多，这主要与能源领域改革有关。例如，俄罗斯统一电力股份有限公司的分化、垄断型经营业务的形成（电力传输和作业调度管理）以及非垄断型业务（电能的生、销、购）。规范电能市场关系的主要法律为 2003 年 3 月 26 日颁布的第 35 号《联邦电能工业法》，其将电能归入俄罗斯联邦经济领域，涵盖了在生产过程中（包括电能和热能联合加工系统生产）产生的经济关系的总和。②

俄罗斯的统一能源系统在法律中被定义为俄罗斯联邦境内的电能系统，其集中的运行调度管理由俄罗斯统一能源系统的系统

---

① http://www.consultant.ru/document/cons_doc_LAW_50899/.

② URL：http://www.consultant.ru/document/cons_doc_LAW_41502/（дата обращения 14.07.2019）.

运营商执行。电能和电力转换是在电能和电力的两级市场上进行的：批发市场和零售市场。根据《联邦电能工业法》规定：

（1）电能和电力的批发市场——特殊商品流通领域——俄罗斯统一能源体系框架内的电能和电力批发市场在俄罗斯联邦统一经济空间内运行。其中，电能和电力的大型生产商和购买商以及其他批发主体参与这一市场，并根据俄罗斯联邦政府批准的批发市场规则行事。

（2）电能的零售市场——电能消费者参与的批发市场以外的电能流通领域。

俄罗斯联邦政府2010年12月27日颁布的第1172号决议规定了电能电力批发市场的准则。电能零售市场受联邦政府2012年5月4日颁布的第442号关于电能零售市场运行的基本准则的决议制约。另外，有必要强调所谓的"保证供应商"的制度，即无论消费者的财务状况如何，它都必须与消费者达成协议，以排除所有供应商都不希望与消费者达成协议的情况。因此，根据《联邦电能工业法》，电能保障供应商是根据该法律或自愿接受义务，并与任一电力消费者或代表电力消费者利益和希望获得电能的消费者订立电能销售合同的商业机构。

电能供应商经营保障业务范畴不可交叉混合，也不能竞争。联邦反垄断局对供应商经营保障性业务实行管控。但电能管理的复杂性在于电能生产、运输和消费过程在技术上的不可分割性，电能的主要特征之一是电能在生产时的消耗以及不可能在工业规模上积累。为了确保电能的周转，俄罗斯联邦关于电力的法律目前将电能和电力定义为特殊类型的商品。① 因此，电能和电力就像两种独立的商品一样在俄罗斯市场被独立销售。电力的法律性质仍未被研究出来。"有的专家认为，正如法律对电能的看法一

---

① ［俄］阿·布·邦达连科：《俄罗斯燃料动力系统法律规范的现状与前景》，http：//lexandbusiness.ru/view-article.php？id=7263。

样，它不是商品（物品），而是一种服务。电力流转方式和其他法律内容，包括征税都取决于对电力概念的这一评定。"①

在《联邦电能工业法》中，全国（全俄罗斯）统一电网的概念非常重要。该法的第七条指出，全国（全俄罗斯）统一电网是电力实体在联邦法律中拥有或以其他方式提供的电网和其他电网设施的综合体，可确保向消费者稳定地供应电能，确保批发市场的正常运转，以及俄罗斯电力系统和其他国家电力系统并行运转。根据俄联邦政府2001年12月21日颁布的第881号法令批准，将电力传输线和电网设施归为全国（全俄罗斯）统一电网的范畴。根据法律第七条规定，属于全国（全俄罗斯）统一电网的电力设施合法占有者和所有者的有限权利由全国（全俄罗斯）统一电网管理机构实现。

全国（全俄罗斯）统一电网管理机构与其他全国（全俄罗斯）统一电网电力设施合法使用者和所有者签署协议。协议中对上述设施的使用制度做出了规定。全国（全俄罗斯）统一电网管理机构即为"联邦电能系统统一电网公司"——准确地说是俄电网工业股份公司，属国家控股。

根据俄罗斯联邦政府于2013年4月3日颁布的第511号命令，批准了《俄罗斯联邦电网发展战略》。该文件规定，必须在未来配备干线和配电网的俄罗斯电网工业股份公司的基础上成立负责电网设施的统一管理公司。这旨在确保在关税、技术性政策和计划投资领域协调全俄罗斯所有电网机构（包括不属于合并公司的区域性电网机构）的活动，确保金融和经济活动以及反腐败政策领域的透明度。

逐渐减少电网机构数量是出于战略性的思考。俄罗斯联邦政府于2004年12月27日颁布的第186号法令确立了电能传输

---

① [俄] 伊·弗·列济金：《关于电能领域市场法律规范的概念问题及任务》，http：//отрасли-права.рф/article/16803。

与服务的非歧视性开放准则。准则第四点规定,电网机构根据电能传输的有偿服务协议提供电力。因此,在相关法人以及自然人能源接收装置(能源装置)与电网进行技术性连接的协议签署之前,不可能缔结有偿服务协议。① 在本章的最后必须再次指出,在电能领域有大量现行的规范性法律法规因上述工作有限的形式而无法完全涵盖。

(六) 俄罗斯热力领域法规

俄罗斯联邦在供热领域的基本法规文件是 2010 年 7 月 27 日颁发的第 190-Ф3 号《供热法》,其构成了调整与热能生产、传送和消耗,热效率,供热系统的载热介质,以及这些系统的建造、运行和开发有关的各种经济关系的法律基础,还规定了国家政权机构和地方自治机构在供热领域的管理和监督权力,以及热力用户、供热企业和热力网企业的权利和义务。该法律的第 15 章规定,热能用户按照供热合同从供热企业获得热能(容量)和(或)载热介质。此时,供热方案规定的单一供热企业应当与任一申请供热的用户签订供热合同,只要该用户的用热装置安装在本供热系统之内。单一供热企业的供热合同是公开的。只要热能用户遵守根据城市建设法律向其提出的热力管网的技术要求,单一供热企业无权拒绝与其签订供热合同。公开合同的概念在俄罗斯联邦民法典第 426 章做了规定,即从事经营活动或其他任何创收活动的人签订的合同都应当被认为是公开合同。合同中规定的属于其业务范围内的出售商品、实施工程或提供服务的义务应当得到履行。原则上不允许从事经营活动或其他任何创收活动的一方,在有能力提供相应商品、服务

---

① URL:http://www.consultant.ru/document/cons_doc_LAW_51030/(дата обращения 14.07.2019).

和完成相应工程的情况下而拒绝签订公开合同。

俄罗斯联邦供热领域的一个重要法律文件是供热组织规则，由俄罗斯联邦政府 2012 年 8 月 8 日第 808 号命令 3 批准。其规定，在审批居民点、市区的供热方案时，联邦执行机构（对于人口 5000 及以上的城市）或地方自治机构决定赋予供热和（或）热力网企业以单一供热企业地位。确定单一供热企业的标准是：

（1）在单一供热企业的经营区域范围内，对具有最大运行热容量的热源和（或）具有最大容量的热力管网拥有所有权或有合法理由支持的占有权；

（2）自有资本的规模；

（3）在相应供热系统中最大限度保证可靠供热的能力。该能力决定于企业拥有的技术设备和熟练的调试、监控、调度、转换并可对供热系统的液压和温度工况进行有效控制的人员，该能力还应当通过供热方案予以论证。

必须指出，对于供热设施，联邦《租让合同法》特别规定了在签订合同时必须与其他租让民用设施进行比较的规则。

俄罗斯联邦政府 2014 年 10 月 2 日第 1949-p 命令批准了措施计划（路线图）《热力市场目标模型推广》。该措施计划旨在对关系体系和供热领域的价格形成模型进行原则性的改变，以对集中供热系统的有效运行和发展提供经济刺激。

谈到供热领域法律规范的制定，不得不提到眼下广泛讨论着的"可供选择的锅炉房"概念。这个定义暗指的是价格调整法。按照这个方法确定由用户所在地已经建成的可供选择的供热热源所提供的热能的合理价格（"可供选择的锅炉房"价格）。这个价格由国家规定，作为向用户所供热能的上限价格。上述方法旨在使热能上限价格激励用户花钱自建燃气锅炉取暖，因此考虑到了锅炉的自建费用和使用费用。但是该方法尚未最终完善，仍有待实践检验。

（七）俄罗斯核能领域法规

在核能利用方面存在大量的法律规范文件，其中包括准法律文件。在核工业管理方面，一个最重要的法律规范文件就是1995年11月21日颁发的第170－Ф3号联邦《核能利用法》。该法涉及利用核能方面业务种类；调整核材料、核设施、保存点、放射源和放射性物质的所有权问题；规定国家政权机构的权力；核能安全利用的国家管理原则。该法规定，只有联邦才能拥有所有权的核材料的清单和可以拥有核材料的俄罗斯法人的清单，其由俄罗斯联邦总统批准。

俄罗斯法人向外国或外国法人出让核材料所有权的交易，应当征得俄罗斯联邦政府授权的联邦执行机构的同意，并且应当按照俄罗斯联邦政府规定的方法和条件实施。根据2007年12月1日颁发的第317－Ф3号联邦法《原子能国家公司——俄罗斯原子能公司法》，建立了专门的法人单位——俄罗斯原子能国家公司。这是俄罗斯联邦最大的公司，它合并了核动力、核电站的设计和建造、动力机械制造领域（超过300家企业和组织）的资产，拥有世界唯一的核能破冰船队。公司建立和活动的目的包括：在俄罗斯联邦利用核能、开发和安全运行核动力工业系统和核武器系统，在核不扩散方面执行国家政策，实施法律规范管理，提供国家服务和管理国家资产。

还有一个重要规范文件是2011年7月11日颁发的第190－Ф3号联邦法《关于放射性废物的管理和俄罗斯联邦个别法律文件的修改》。该法律规定建立放射性废物管理的统一国家系统，这个系统就是从事放射性废物管理的主体、放射性废物管理的基础设施以及对放射性废物管理的规定要求的总称。按照法律，根据俄罗斯联邦政府决定，确定放射性废物管理国家操作员（联邦国家单一制企业"放射性废物管理国家操作员"）。该机构负责安全管理接收掩埋放射性废物，运行和关闭放射性废物掩埋点，对放射性物质和放射性废物的国家统计和监督提供技术和信息保障。法律还包含有关于可能成为放射性废物和放射性废物保存点所有人的条款，违反放射性废物管理规定要求的责任条款，以及其他重要条款。

八 中国油气领域法规

（一）勘探与生产法规

1. 准入法规

1986年矿产资源法颁布实施以来，我国油气矿产资源开发经历了从计划经济向市场经济的过渡，矿业权出让制度经历了从无偿到有偿、从申请在先方式到竞争性取得等深刻变化。

（1）油气矿权国家一级管理

1986年，《中华人民共和国矿产资源法》颁布，规定矿产资源属于国家所有，对油气资源实行严格的许可制度。勘查矿产资源，必须依法登记。开采矿产资源，必须依法申请取得采矿权。国家对矿产资源勘查实行统一的登记制度。矿产资源勘查登记工作，由国务院地质矿产主管部门负责。国务院和国务院有关主管部门批准开办的国营矿山企业，由国务院地质矿产主管部门在批准前对其开采范围、综合利用方案进行复核并签署意见，在批准后根据批准文件颁发采矿许可证。

国务院1998年颁布的《矿产资源勘查区块登记管理办法》和《矿产资源开采登记管理办法》规定，石油、天然气探矿权和采矿权都必须由企业申请、国土资源部审批登记发证。

（2）陆海油气资源合作开采专营权

按照《中华人民共和国对外合作开采陆上石油资源条例》，

中国石油天然气集团公司、中国石油化工集团公司在国务院批准的对外合作开采陆上石油资源的区域内享有与外国企业合作进行石油勘探开发生产的专营权。对外合作开采煤层气资源由中联煤层气有限责任公司、国务院指定的其他公司实施专营。

按照《中华人民共和国对外合作开采海洋石油资源条例》，中国海洋石油总公司享有在对外合作海区内进行石油勘探开发生产和销售的专营权。

（3）有序放开油气勘查开采体制

2017年，中共中央、国务院印发《关于深化石油天然气体制改革的若干意见》。意见明确，完善并有序放开油气勘查开采体制，提升资源接续保障能力。实行勘查区块竞争出让制度和更加严格的区块退出机制，加强安全、环保等资质管理，在保护性开发的前提下，允许符合准入要求并获得资质的市场主体参与常规油气勘查开采，逐步形成以大型国有油气公司为主导、多种经济成分共同参与的勘查开采体系。

2017年，中共中央办公厅、国务院办公厅印发《矿业权出让制度改革方案》，要求以招标拍卖挂牌方式为主，全面推进矿业权竞争出让，严格限制矿业权协议出让。除特殊情形外，矿业权一律以招标拍卖挂牌方式出让，由市场判断勘查开采风险，决定矿业权出让收益。国土资源部负责石油、烃类天然气、页岩气、放射性矿产、钨、稀土6种矿产的探矿权采矿权审批。

国土资源部2017年12月14日印发《关于进一步规范矿产资源勘查审批登记管理的通知》（国土资规〔2017〕14号），规范矿产资源勘查准入，油气（包含石油、天然气、页岩气、煤层气、天然气水合物）探矿权人原则上应当是营利法人。探矿权申请人的资金能力必须与申请的勘查矿种、勘查面积和勘查工作阶段相适应。申请探矿权新立、延续、变更勘查矿种（含增列），以及探矿权合并、分立变更勘查范围，需编制勘查实施方案。新立探矿权的申请勘查范围不得与已设矿业权垂直投影范围重叠。

2. 价格政策

中国以逐步放开价格管制为主要方向，不断推动石油天然气价格市场化改革。

（1）原油定价

按照 1998 年《国家发展计划委员会关于印发〈原油成品油价格改革方案〉的通知》，自 1998 年 6 月 1 日起，国家实行石油价格机制改革，确立了国内原油价格与国际市场接轨的机制。目前，原油价格由企业参照国际市场价格自主制定。主要内容如下：

第一，石油天然气集团公司和石化集团公司之间购销的原油价格由双方协商确定。两个集团公司内部油田与炼厂之间购销的原油价格由集团公司自主制定。

第二，购销双方协商的基本原则是，国内陆上原油运达炼厂的成本与进口原油到厂成本基本相当。为使炼厂优先接收国内原油，在正常情况下，国内原油到厂成本应略低于进口原油到厂成本。

第三，购销双方结算价格（不含税），由原油基准价格和贴水（或升水）两部分构成。原油基准价格由国家发展计划委员会根据每月国际市场相近品质原油离岸价加关税确定。两个集团公司报送上月 26 日至本月 25 日新加坡市场相近品质的参照油种各交易日的实际成交价格。国家发展计划委员会按各交易日的平均价格加关税确定原油基准价，于月底发布，下月 1 日起执行。贴水（或升水）由购销双方根据原油运杂费负担和国内外油种的质量差价以及市场供求等情况协商确定。

第四，国内原油分为轻质油、中质油Ⅰ、中质油Ⅱ、重质油四类。国际相近品质参照油种为：轻质油参照塔皮斯原油，中质油Ⅰ参照米纳斯原油，中质油Ⅱ参照辛塔原油，重质油参照杜里原油。

(2) 天然气定价政策

①门站价格的确定——市场净回值法

2011年12月26日,国家发展改革委印发《国家发展改革委关于在广东省、广西壮族自治区开展天然气价格形成机制改革试点的通知》(发改价格〔2011〕3033号)。按"市场净回值"方法定价,建立与可替代能源挂钩机制;政府不再分别管理出厂价格和管输价格,改为管理门站价格;国产气和进口气统一执行国家规定的门站价格。放开页岩气、煤层气、煤制气等非常规天然气出厂价格,实行市场调节。改革要点:

第一,确定计价基准点(中心市场)。选取上海市场(中心市场)作为计价基准点。

第二,建立中心市场门站价格与可替代能源价格挂钩机制。可替代能源品种选择燃料油和液化石油气(LPG),权重分别为60%和40%。等热值可替代能源价格按照燃料油和液化石油气(LPG)单位热值价格加权平均计算。天然气价格暂按可替代能源价格的90%测算。

第三,中心市场门站价格计算公式为:

$$P_{天然气} = K \times (\alpha \times P_{燃料油} \times \frac{H_{天然气}}{H_{燃料油}} + \beta \times P_{LPG} \times \frac{H_{天然气}}{H_{LPG}}) \times (1+R)$$

$P_{天然气}$——中心市场门站价格(含税),元/立方米;

K——折价系数,暂定0.9;

α、β——燃料油和液化石油气的权重,分别为60%和40%;

$P_{燃料油}$、P_{LPG}——计价周期内海关统计进口燃料油和液化石油气的价格,元/千克;

$H_{燃料油}$、H_{LPG}、$H_{天然气}$——燃料油、液化石油气和天然气的净热值(低位热值),分别取10000千卡/千克、12000千卡/千克和8000千卡/立方米。

R——天然气增值税税率。

第四，确定各省最高门站价格＝上海门站价格－贴水。贴水范围0（广东）—1.03元/方（新疆）。影响各省贴水的主要因素有：距离计价基准点（上海市）的远近，距离上海市越远，贴水值越高；经济发展水平，西部经济欠发达地区，贴水值较高；是否为天然气主产区，天然气主产区的贴水值较高。

第五，门站价格的适用范围。门站价格是指国产陆上或进口管道气的供应商与下游买方（包括地方管道公司、城市燃气公司、直供用户等）在天然气所有权转移点的交气价格。适用于：国产陆上和进口管道天然气；进入长输管道与国产陆上或进口管道天然气混合输送并一起销售的页岩气、煤层气、煤制气等非常规天然气；进入长输管道与国产陆上或进口管道气混合输送并一起销售的进口LNG。

②理顺居民用气门站价格

2018年5月25日，国家发展改革委印发《国家发展改革委关于理顺居民用气门站价格的通知》（发改价格规〔2018〕794号），决定理顺居民用气门站价格，自2018年6月10日起实施。主要内容如下：

将居民用气由最高门站价格管理改为基准门站价格管理，价格水平按非居民用气基准门站价格水平（增值税税率10%）安排，各省（区、市）基准门站价格见附件（表12）。供需双方可以基准门站价格为基础，在上浮20%、下浮不限的范围内协商确定具体门站价格，实现与非居民用气价格机制衔接。方案实施时门站价格暂不上浮，实施一年后允许上浮。目前居民与非居民用气门站价差较大的，此次最大调整幅度原则上不超过每千立方米350元，剩余价差一年后适时理顺。鼓励供需双方通过上海、重庆石油天然气交易中心等平台进行公开透明交易。天然气增值税税率由11%降低至10%，现行非居民基准门站价格也作了相应调整，统一执行附件中价格水平。

表12　　各省（区、市）天然气基准门站价格

单位：元/立方米（含10%增值税）

	基准门站价格		基准门站价格		基准门站价格
北京	1.88	浙江	2.05	重庆	1.53
天津	1.88	安徽	1.97	四川	1.54
河北	1.86	江西	1.84	贵州	1.60
山西	1.79	山东	1.86	云南	1.60
内蒙古	1.23	河南	1.89	陕西	1.23
辽宁	1.86	湖北	1.84	甘肃	1.32
吉林	1.65	湖南	1.84	宁夏	1.40
黑龙江	1.65	广东	2.06	青海	1.16
上海	2.06	广西	1.89	新疆	1.04
江苏	2.04	海南	1.53		

注：山东交气点为山东省界。

3. 财税政策

营改增后，目前中国共有18个税种，除烟叶税外，石油天然气业务涉及其余全部税种，包括增值税、消费税、资源税、企业所得税、个人所得税、城市维护建设税、城镇土地使用税、房产税、耕地占用税、土地增值税、车辆购置税、车船税、印花税、契税、关税、船舶吨税、环境保护税。此外，按照国家有关规定必须缴纳石油特别收益金、教育费附加等行政事业性收费。重点税费具体如下。

（1）矿产资源权益金制度

根据国务院2017年4月13日发布的《国务院关于印发矿产资源权益金制度改革方案的通知》（国发〔2017〕29号），推进矿业权竞争性出让的主要措施包括：一是在矿业权出让环节，将探矿权采矿权价款调整为矿业权出让收益。矿业权出让收益中央与地方分享比例确定为4∶6。二是在矿业权占有环节，将探矿权采矿权使用费整合为矿业权占用费。矿业权占用费中央与

地方分享比例确定为2∶8。三是在矿产开采环节，组织实施资源税改革。按照清费立税原则，将矿产资源补偿费并入资源税，取缔违规设立的各项收费基金。四是在矿山环境治理恢复环节，将矿山环境治理恢复保证金调整为矿山环境治理恢复基金。按照销售收入的一定比例计提，计入企业成本，由企业统筹用于开展矿山环境保护和综合治理。

（2）原油天然气资源税

根据《关于调整原油天然气资源税有关政策的通知》（财税〔2014〕73号），自2014年12月1日起，原油、天然气矿产资源补偿费费率降为零，相应将资源税适用税率由5%提高至6%。

原油、天然气资源税优惠政策：①对油田范围内运输稠油过程中用于加热的原油、天然气免征资源税。②对稠油、高凝油和高含硫天然气资源税减征40%。③对三次采油资源税减征30%。④对低丰度油气田资源税暂减征20%。⑤对深水油气田资源税减征30%。财政部和国家税务总局根据国家有关规定及实际情况的变化适时对上述政策进行调整。

开采海洋或陆上油气资源的中外合作油气田，在2011年11月1日前已签订的合同继续缴纳矿区使用费，不缴纳资源税；自2011年11月1日起新签订的合同缴纳资源税，不再缴纳矿区使用费。开采海洋油气资源的自营油气田，自2011年11月1日起缴纳资源税，不再缴纳矿区使用费。

页岩气资源税优惠：根据《关于对页岩气减征资源税的通知》（财税〔2018〕26号），为促进页岩气开发利用，有效增加天然气供给，经国务院同意，自2018年4月1日至2021年3月31日，对页岩气资源税（按6%的规定税率）减征30%。

（3）石油特别收益金

根据《国务院关于开征石油特别收益金的决定》（国发〔2006〕13号），财政部关于印发《石油特别收益金征收管理办法》的通知（财企〔2006〕72 号），自 2006 年 3 月 26 日起，国家对石油开采企业销售国产原油因价格超过一定水平所获得的超额收入按比例征收收益金。凡在中国陆地领域和所辖海域独立开采并销售原油的企业，以及合资合作企业，均应当按照规定缴纳石油特别收益金。根据《关于提高石油特别收益金起征点的通知》（财税〔2014〕115 号），从 2015 年 1 月 1 日起，将石油特别收益金起征点提高至 65 美元/桶。起征点提高后，石油特别收益金征收仍实行 5 级超额累进从价定率计征。具体征收比率及速算扣除数见表 13。

表 13　　　　　石油特别收益金征收比率及速算扣除数

原油价格（美元/桶）	征收比率	速算扣除数（美元/桶）
65—70（含）	20%	0
70—75（含）	25%	0.25
75—80（含）	30%	0.75
80—85（含）	35%	1.5
85 以上	40%	2.5

（4）油气增值税税率

根据《关于调整增值税税率的通知》（财税〔2018〕32 号），自 2018 年 5 月 1 日起，原油增值税税率由 17% 下调至 16%，天然气增值税税率由 11% 下调至 10%。

关于中外合作开采石油资源交纳增值税有关问题。按照《关于中外合作开采石油资源交纳增值税有关问题的通知》（国税发〔1994〕114 号），自 1994 年 1 月 1 日起，合作油（气）田开采的原油、天然气按实物缴纳增值税，以该油（气）田开采的原油、天然气扣除了石油作业用油（气）量和损耗量之后的原油、天然气产量作为计税依据。增值税的原油、天然气实物，按实际销售额扣除其本身所发生的实际销售费用后入库。

合作油（气）田增值税征收率为5%。中国海洋石油总公司海上自营油（气）田比照上述有关规定执行。

（5）其他相关规定

原油期货税收政策。根据《关于支持原油等货物期货市场对外开放税收政策的通知》（财税〔2018〕21号），自2018年3月13日起，境外机构投资者从事中国境内原油期货交易取得的所得（不含实物交割所得），暂不征收企业所得税。对境外个人投资者投资中国境内原油期货取得的所得，三年内暂免征收个人所得税。

陆上特定地区开采油气进口物资税收政策。根据《关于"十三五"期间在我国陆上特定地区开采石油（天然气）进口物资税收政策的通知》（财关税〔2016〕68号），自2016年1月1日至2020年12月31日，在中国领土内的沙漠、戈壁荒漠进行石油（天然气）开采作业的自营项目，进口国内不能生产或性能不能满足要求，并直接用于开采作业的《免税物资清单》所列范围内的物资，在规定的免税进口额度内，免征进口关税；在经国家批准的陆上石油（天然气）中标区块内进行石油（天然气）开采作业的中外合作项目，进口国内不能生产或性能不能满足要求，并直接用于开采作业的《免税物资清单》所列范围内的物资，在规定的免税进口额度内，免征进口关税和进口环节增值税。

海洋开采油气进口物资免征进口税收。根据《关于"十三五"期间在我国海洋开采石油（天然气）进口物资免征进口税收的通知》（财关税〔2016〕69号），自2016年1月1日至2020年12月31日，在中国海洋进行石油（天然气）开采作业的项目，进口国内不能生产或性能不能满足要求，并直接用于开采作业的《开采海洋石油（天然气）免税进口物资清单》所列范围内的物资，在规定的免税进口额度内，免征进口关税和进口环节增值税。

煤层气勘探开发项目进口物资免征进口税收。根据《关于"十三五"期间煤层气勘探开发项目进口物资免征进口税收的通知》（财关税〔2016〕45号），自2016年1月1日至2020年12月31日，中联煤层气有限责任公司及其国内外合作者，在中国境内进行煤层气勘探开发项目，进口国内不能生产或性能不能满足要求，并直接用于勘探开发的《勘探开发煤层气免税进口物资清单》，所列范围内的物资，免征进口关税和进口环节增值税。

企业境外所得税收抵免政策。根据《关于完善企业境外所得税收抵免政策问题的通知》（财税〔2017〕84号），自2017年1月1日起，企业可以选择按"分国（地区）不分项"或者"不分国（地区）不分项"分别计算其来源于境外的应纳税所得额，并按照财税〔2009〕125号文件分别计算其可抵免境外所得税税额和抵免限额。上述方式一经选择，5年内不得改变。企业在境外取得的股息所得，在按规定计算该企业境外股息所得的可抵免所得税额和抵免限额时，由该企业直接或者间接持有20%以上股份的外国企业，限于五层外国企业。

4. 安全环保政策

（1）安全政策

《中华人民共和国安全生产法》（主席令2014年第13号）、《矿山安全法》（主席令2009年第65号）、《企业安全费用提取和适用管理办法》（财企〔2012〕16号）、《关于明确煤层气抽采企业安全监管监察职能的通知》（安监总厅〔2010〕22号）、《安全生产"十三五"规划》（国办发〔2017〕3号）、《生产安全事故报告和调查处理条例》（国务院令第493号）等。

（2）环保政策

《中华人民共和国环境保护法》（主席令2014年第22号）、《中华人民共和国环境保护税法实施条例》（国务院令2017年第

693号)、《中华人民共和国海洋环境保护法》(主席令2017年第81号)、《中华人民共和国环境影响评价法》(主席令2016年第48号)、《防治船舶污染海洋环境管理条例》(国务院令2017年第676号)等。

(3) 质量控制政策

《中华人民共和国产品质量法》(主席令2000年第33号)、《建设工程质量管理条例》(国务院令2000年第279号)、《关于对外承包工程质量安全问题处理的有关规定》(外经贸发〔2002〕500号)、《建设工程勘察质量管理办法》(建设部令2007年第163号)、《工程质量监督工作导则》(建质〔2003〕162号)等。

(二) 炼化与销售法规

1. 炼化准入政策

1995年7月国家计委、国家经贸委发布《进一步完善原油、成品油流通体制改革意见》(计综合〔1995〕913号),规定国内生产的原油和进口原油资源全部纳入国家计委平衡分配计划。安排给各炼油厂加工的原油,由炼油厂与油田签订供需合同,实行合同化管理。各炼油企业(包括石化总公司、石油天然气总公司所属炼油厂和地方炼油厂)生产的成品油,以及进口和外商投资炼油企业经批准在国内销售的成品油,全部纳入国家统一计划,由国家计委进行总量平衡分配。

2014年11月,国务院发布《政府核准的投资项目目录(2014年本)》,规定新建炼油及扩建一次炼油项目由国务院投资主管部门核准,其中列入国务院批准的国家能源发展规划、石化产业规划布局方案的扩建项目由省级政府核准。变性燃料乙醇由省级政府核准。

2. 销售政策

1999年，国家制定了《关于清理整顿成品油流通企业和规范成品油流通秩序的实施意见》，规定国内各炼油厂生产的汽油、煤油、柴油全部由两大集团的批发企业批发经营，其他企业和单位不得批发经营。两大集团以外的批发企业具备从事汽油、煤油、柴油批发业务基本条件的，可由两大集团依法采取划转、联营、参股、收购等方式进行重组，重组后的企业可继续从事汽油、煤油、柴油批发业务。

2006年商务部出台《成品油市场管理办法》，规定国家对成品油经营实行许可制度。商务部负责起草成品油市场管理的法律法规，拟定部门规章并组织实施，依法对全国成品油市场进行监督管理。申请从事成品油批发、仓储经营资格的企业，应当向所在地省级人民政府商务主管部门提出申请，省级人民政府商务主管部门审查后，将初步审查意见及申请材料上报商务部，由商务部决定是否给予成品油批发、仓储经营许可。申请从事成品油零售经营资格的企业，应当向所在地市级人民政府商务主管部门提出申请。地市级人民政府商务主管部门审查后，将初步审查意见及申请材料报省级人民政府商务主管部门。由省级人民政府商务主管部门决定是否给予成品油零售经营许可。

2000年，国务院生产办公室，工商行政管理总局发布《关于做好成品油流通企业核发批准证书和企业登记工作的通知》（国经贸贸易〔2000〕152号），规定了批准证书由国家经贸委统一印制，《成品油批发经营批准证书》《成品油仓储经营批准证书》《成品油零售经营批准证书》的核发要严格按国经贸贸易〔1999〕637号文件规定的程序进行。从事燃料油经营的企业，批准手续仍暂按国家经贸委、国家工商局、解放军总后勤部《成品油市场管理暂行办法》（国经贸市场〔1995〕758号）规定的程序进行。

2012年，国家安全生产监督管理总局发布《危险化学品经营许可证管理办法》，规定国家对危险化学品经营实行许可制度。经营许可证的颁发管理工作实行企业申请、两级发证、属地监管的原则。国家安全生产监督管理总局指导、监督全国经营许可证的颁发和管理工作。省、自治区、直辖市人民政府安全生产监督管理部门指导、监督本行政区域内经营许可证的颁发和管理工作。

民营成品油企业经营。2008年，国家发展改革委出台《国家发展改革委商务部关于民营成品油企业经营有关问题的通知》（发改经贸〔2008〕602号），规定①所有民营成品油批发企业和零售企业必须按照商务部的有关规定，依法取得经营资格，方可开展经营活动；②民营批发企业应当与零售加油站签订长期稳定的供油合同，并经由所属加油站和已签订合同的零售加油站向社会销售成品油；③民营零售加油站可以选择与中石油、中石化两集团公司所属批发企业，或者具备资格的民营批发企业签订长期供货合同。

3. 价格政策

2008年，国家发展改革委出台《国家发展改革委商务部关于民营成品油企业经营有关问题的通知》（发改经贸〔2008〕602号），规定①中石油、中石化两集团公司对民营批发企业供应的成品油价格，由双方在按国家规定确定的实际零售价格基础上倒扣5.5%—7.0%协商确定；②中石油、中石化两集团公司供系统外零售加油站的成品油批发价格，继续执行国家规定的按实际零售价倒扣不低于4.5%的规定，合理定价。

（1）成品油形成价格机制

2008年12月国务院颁布《关于实施成品油价格和税费改革的通知》（国发〔2008〕37号），规定国产陆上原油价格继续实行与国际市场直接接轨。国内成品油价格继续与国际市场有控制地间接接轨。国内成品油出厂价格以国际市场原油价格为基础，加国内平均加工成本、税金和适当利润确定。当国际市场原油一段时间内平均价格变化超过一定水平时，相应调整国内成品油价格。

2016年，发改委出台了《关于进一步完善成品油价格形成机制的通知》（发改价格〔2016〕64号），完善成品油价格形成机制。通知设定成品油价格调控下限水平为每桶40美元，即当国内成品油价格挂靠的国际市场原油价格低于每桶40美元时，国内成品油价格不再下调。发展改革委不再印发成品油价格调整文件，改为以信息稿形式发布调价信息。供军队用成品油价格按既定机制计算确定；航空汽油出厂价格按照与供新疆生产建设兵团汽油供应价格保持1.182:1的比价关系确定，均不再发布。

（2）成品油价格管理办法

2016年1月，国家发展改革委下发《石油价格管理办法》，规定在中华人民共和国境内从事石油生产、批发和零售等经营活动的价格行为，适用本办法。该办法成品油指汽油、柴油。成品油价格根据流通环节和销售方式，区分为供应价格、批发价格和零售价格。区别情况，分别实行政府指导价和政府定价。①汽油、柴油零售价格和批发价格，向社会批发企业和铁路、交通等专项用户供应汽油、柴油供应价格，实行政府指导价。②向国家储备和新疆生产建设兵团供应汽油、柴油供应价格，实行政府定价。汽油、柴油最高零售价格以国际市场原油价格为基础，考虑国内平均加工成本、税金、合理流通环节费用和适当利润确定。

当国际市场原油价格低于每桶40美元（含）时，按原油价格每桶40美元、正常加工利润率计算成品油价格。高于每桶40美元低于80美元（含）时，按正常加工利润率计算成品油价格。高于每桶 80 美元时，开始扣减加工利润率，直至按加工零利润计算成品油价格。高于每桶 130 美元（含）时，按照兼顾生产者、消费者利益，保持国民经济平稳运行的原则，采取适当财税政策保证成品油生产和供应，汽油、柴油价格原则上不提或少提。

汽油、柴油价格根据国际市场原油价格变化每 10 个工作日调整一次。调价生效时间为调价发布日 24 时。当调价幅度低于每吨 50 元时，不作调整，纳入下次调价时累加或冲抵。

成品油零售企业在不超过汽油、柴油最高零售价格的前提下，自主制定具体零售价格。

成品油批发企业对零售企业的汽油、柴油最高批发价格，合同约定由供方配送到零售企业的，按最高零售价格每吨扣减 300 元确定；合同未约定由供方配送的，在每吨扣减 300 元的基础上再减运杂费确定。运杂费由省级价格主管部门制定。

成品油生产经营企业对具备国家规定资质的社会批发企业的汽油、柴油最高供应价格，按最高零售价格每吨扣减 400 元确定；对铁路、交通等专项用户的汽油、柴油最高供应价格，按全国平均最高零售价格每吨扣减 400 元确定；对国家储备、新疆生产建设兵团汽油、柴油供应价格，按全国平均最高零售价格扣减流通环节差价确定。

（3）**油品质量升级价格政策**

2013 年，为加快推进中国油品质量升级步伐，《国家发展改革委关于油品质量升级价格政策有关意见的通知》（发改价格〔2013〕1845 号）规定加价标准按照合理补偿成本、优质优价和污染者付费原则，根据油品质量升级成本调查审核结果，在企业适当消化部分升级成本的基础上，确定车用汽油、柴油（标准品，下同）质量标准升级至第四阶段的加价标准分别为每吨 290 元和 370 元；从第四阶段升级至第五阶段的加价标准分别为每吨 170 元和 160 元。普通柴油价格参照同标准车用柴油价格执行。

4. 油价调控风险准备金征收管理办法

2016年，财政部、国家发展改革委发布《油价调控风险准备金征收管理办法》的通知（财税〔2016〕137号），规定在中华人民共和国境内生产、委托加工和进口汽油、柴油的成品油生产经营企业需缴纳油价调控风险准备金。当国际市场原油价格低于国家规定的成品油价格调控下限时，缴纳义务人应按照汽油、柴油的销售数量和规定的征收标准缴纳风险准备金。风险准备金征收标准按照成品油价格未调金额确定。

5. 财税政策

（1）消费税

2015年，财政部、国家税务总局出台《关于继续提高成品油消费税的通知》（财税〔2015〕11号），规定将汽油、石脑油、溶剂油和润滑油的消费税单位税额在现行单位税额基础上提高至1.52元/升；将柴油、航空煤油和燃料油的消费税单位税额在现行单位税额基础上提高至1.2元/升。航空煤油继续暂缓征收。

征收机关、征收环节和计征方式。2008年《国务院关于实施成品油价格和税费改革的通知》（国发〔2008〕37号）规定成品油消费税属于中央税，由国家税务局统一征收（进口环节继续委托海关代征）。纳税人为在中国境内生产、委托加工和进口成品油的单位和个人。纳税环节在生产环节（包括委托加工和进口环节）。计征方式实行从量定额计征，价内征收。今后将结合完善消费税制度，积极创造条件，适时将消费税征收环节后移到批发环节，并改为价外征收。

特殊用途成品油消费税政策。国家税务总局2012年印发关于发布《用于生产乙烯、芳烃类化工产品的石脑油、燃料油退

（免）消费税暂行办法》的公告（国家税务总局公告 2012 年第 36 号），规定境内使用石脑油、燃料油生产乙烯、芳烃类化工产品的企业，包括将自产石脑油、燃料油用于连续生产乙烯、芳烃类化工产品的企业符合规定的，可办理退（免）消费税。境内生产石脑油、燃料油的企业对外销售（包括对外销售用于生产乙烯、芳烃类化工产品的石脑油、燃料油）或用于其他方面的石脑油、燃料油征收消费税。但生产企业将自产的石脑油、燃料油用于本企业连续生产乙烯、芳烃类化工产品的；生产企业按照国家税务总局下发石脑油、燃料油定点直供计划销售自产石脑油、燃料油的可免征消费税。使用企业将外购的含税石脑油、燃料油用于生产乙烯、芳烃类化工产品，且生产的乙烯、芳烃类化工产品产量占本企业用石脑油、燃料油生产全部产品总量的 50% 以上（含）的，按实际耗用量计算退还所含消费税。

（2）增值税

2018 年 4 月，财政部印发的《关于调整增值税税率的通知》（财税〔2018〕32 号），自 5 月 1 日起降低部分行业和货物增值税税率，其中成品油增值税率由 17% 降低至 16%。

6. 安全环保政策

（1）安全政策

《国务院安委会办公室关于煤矿、金属非金属矿山、冶金、有色、石油、化工、烟花爆竹、建筑施工、民爆器材、电力等工矿商贸企业安全生产隐患自查自改的指导意见》（安委办明电〔2007〕9 号）；《危险化学品安全管理条例》（国务院令第 344 号）；《危险化学品建设项目安全许可实施办法》（国家安全生产监督管理总局第 8 号令）；《安全生产许可证条例》（中华人民共和国国务院令第 397 号）；《石油化工企业环境应急预案编制指南》（环办〔2010〕10 号）。

（2）环保政策

《关于废润滑油回收再生的暂行规定》（商燃联字〔1981〕14号）；《新化学物质环境管理办法》（环境保护部令部令第7号）；《环境保护部关于进一步加强重点企业清洁生产审核工作的通知》（环发〔2008〕60号）。

（3）质量控制政策

《国务院关于印发节能减排综合性工作方案的通知》（国发〔2007〕15号）；《国务院批转节能减排统计监测及考核实施方案和办法的通知》（国发〔2007〕36号）；《大气污染防治行动计划》（国发〔2013〕37号）；《大气污染防治行动计划重点工作部门分工方案》（国办函〔2013〕118号）；2014年5月，《大气污染防治成品油质量升级行动计划》；《关于进一步推进成品油质量升级及加强市场管理的通知》（发改能源〔2016〕349号）；2018年6月，生态环境部发布了《重型柴油车污染物排放限值及测量方法（中国第六阶段）》。

（三）管道储运法规

根据《中华人民共和国石油天然气管道保护法》规定，管道包括管道及管道附属设施。

1. 准入政策

（1）管道准入政策

2017年5月，中共中央、国务院印发了《关于深化石油天然气体制改革的若干意见》，明确提出要"完善油气管网公平接入机制，油气干线管道、省内和省际管网均向第三方市场主体公平开放"。

2014年，国家出台《油气管网设施公平开放监管办法（试行）》和《天然气基础设施建设与运行管理办法》，对油气管网等基础设施第三方公平开放做出了明确规定。办法明确：第一，国家能源局负责油气管网设施开放监管相关工作；第二，油气管网设施运营企业在油气管网设施有剩余能力的情况下，应向第三方市场主体平等开放管网设施，提供输送、储存、气化、液化和压缩等服务；第三，油气管网设施运营企业应在互惠互利、充分利用设施能力并保障现有用户现有服务的前提下，按签订合同的先后次序向新增用户公平、无歧视地开放使用油气管网设施。

2016年3月31日，国家发布《关于在能源领域积极推广政府和社会资本合作模式的通知》，明确在能源领域积极推广政府和社会资本合作模式（PPP），主要适用电力及新能源类项目、石油和天然气类项目和煤炭类项目。其中，石油和天然气类项目包括油气管网主干/支线、城市配气管网和城市储气设施、LNG接收站、石油和天然气储备设施等。

2018年8月，国家发展改革委发布了《油气管网设施公平开放监管办法》。根据新的办法：①国家鼓励和支持各类资本参与投资建设纳入统一规划的油气管网设施，提升油气供应保障能力。在保障现有用户现有服务并具备剩余能力的前提下，油气管网设施运营企业应无歧视地与符合开放条件的用户签订服务合同，按照合同约定向用户提供油气输送、储存、气化、装卸、转运等服务。②国家鼓励和支持油气管网设施互联互通和公平接入，逐步实现油气资源在不同管网设施间的灵活调配。天然气管网设施运营企业不得阻碍符合规划的其他天然气管网设施的接入，并应为接入提供相关便利。油气管网设施运营企业应无歧视地与符合开放条件的用户签订服务合同，按照合同约定向用户提供油气输送、储存、气化、装卸、转运等服务。

（2）储运准入政策

2017年5月，中共中央、国务院印发了《关于深化石油天然气体制改革的若干意见》，明确提出要建立完善政府储备、企业社会责任储备和企业生产经营库存有机结合、互为补充的储备体系。完善储备设施投资和运营机制，加大政府投资力度，鼓励社会资本参与储备设施投资运营。

2014年4月，国家发展改革委印发《关于加快推进储气设施建设的指导意见》（发改运行〔2014〕603号），鼓励各种所有制经济参与储气设施投资建设和运营，明确承担天然气调峰和应急储备义务的天然气销售企业和城镇天然气经营企业等，可以单独或者共同建设储气设施储备天然气，也可以委托代为储备。各级政府要优先支持天然气销售企业和所在区域用气峰谷差超过3∶1、民生用气（包括居民生活、学校教学和学生生活、养老福利机构用气等）占比超过40%的城镇燃气经营企业建设储气设施。

2018年4月26日，国家发展改革委印发《关于加快储气设施建设和完善储气调峰辅助服务市场机制的意见》（发改能源规〔2018〕637号）。意见明确：一是加强规划统筹，构建多层次储气系统。加大地下储气库扩容改造和新建力度，加快全国地下储气库的库址筛选和评估论证，创新工作机制，鼓励各类投资主体参与地下储气库建设运营。二是加快LNG接收站储气能力建设，鼓励多元主体参与，在沿海地区优先扩大已建LNG接收站储转能力，适度超前新建LNG接收站。三是构建储气调峰辅助服务市场，鼓励供气企业、管输企业、城镇燃气企业、大用户及独立第三方等各类主体和资本参与储气设施建设运营。支持企业通过自建合建储气设施、租赁购买储气设施或者购买储气服务等方式，履行储气责任。支持企业异地建设或参股地下储气库、LNG接收站及调峰储罐项目。

2. 价格政策

油气管网设施服务价格实行政府定价或政府指导价的，油气管网设施运营企业应当按照规定的价格政策，向用户收取服务费用；实行市场化定价的，收费标准由供需双方协商确定。

（1）天然气管道运输政策

2017年11月，国家发展改革委出台《关于全面深化价格机制改革的意见》，明确提出天然气管输建立健全以"准许成本+合理收益"为核心、约束与激励相结合的网络型自然垄断环节定价制度，对天然气管输等重点领域，实施严格监管，全面开展成本监审以供给侧结构性改革为主线，对成品油、天然气等价格形成机制均提出明确目标。

2016年10月，国家发展改革委印发《天然气管道运输价格管理办法（试行）》和《天然气管道运输定价成本监审办法（试行）》（发改价格规〔2016〕2142号），自2017年1月1日起施行，有效期5年。跨省天然气管道价格管理主要包括以下四点。

第一，管道运输价格实行政府定价，由国务院价格主管部门制定和调整，每3年校核调整一次。

第二，管道运输企业的管道运输业务年度准许总收入由准许成本、准许收益以及税费组成。管道运输价格按照"准许成本加合理收益"原则制定，即通过核定管道运输企业的准许成本，监管准许收益，考虑税收等因素确定年度准许总收入，核定管道运输价格。其中：

①准许成本即定价成本包括折旧及摊销费、运行维护费，由国务院价格主管部门通过成本监审核定。

②准许收益按有效资产乘以准许收益率计算确定。有效资产指管道运输企业投入、与输气业务相关的可计提收益的资产，包括固定资产净值、无形资产净值和营运资本。准许收益率按管道负荷率（实际输气量除以设计输气能力）不低于75%取得税后全投资收益率8%的原则确定。

③税费包括企业所得税、城市维护建设税、教育费附加等。

第三，管道运价率按管道运输企业年度准许总收入除以年度总周转量计算确定。总周转量为管道运输企业拥有的所有天然气管道周转量之和。单条管道周转量＝管道实际运输气量×平均运输距离管道实际运输气量为出口气量或委托运输气量。

第四，新成立企业制定管道运输试行价格，原则上按照可行性研究报告的成本参数，以及税后全投资收益率8%、经营期30年确定。可行性研究报告的成本等相关参数与成本监审有关规定不符的，按成本监审有关规定进行调整。

2017年8月29日，国家发展改革委印发《关于核定天然气跨省管道运输价格的通知》（发改价格规〔2017〕1581号）。通知明确：相关管道运输企业要根据单位距离的管道运输价格（运价率），以及天然气入口与出口的运输距离，计算确定并公布本公司管道运输价格表，管道运输价格包含输气损耗等费用，管道运输企业不得在运输价格之外加收其他费用。价格放开的天然气，供需双方可在合同中约定气源和运输路径，协商确定气源价格；管道运输企业按规定的管道运输价格向用户收取运输费用。

表14　天然气跨省管道运输价格（2017年9月1日起执行）

企业名称	经营的主要管道	主干管道管径 毫米	管道运输价格 元/千立方米·千米	元/立方米
中石油北京天然气管道有限公司	包括陕京系统（陕西靖边、榆林—北京）等	1219/1016	0.2857	
中石油管道联合有限公司	包括西一线西段（新疆轮南—宁夏中卫）、西二线西段（新疆霍尔果斯—宁夏中卫）、涩宁兰线（青海涩北—甘肃兰州）等	1219	0.1442	

续表

企业名称	经营的主要管道	主干管道管径 毫米	管道运输价格 元/千立方米·千米	元/立方米
中石油西北联合管道有限责任公司	包括西三线（新疆霍尔果斯—福建福州、广东广州）等	1219	0.1224	
中石油东部管道有限公司	包括西一线东段（宁夏中卫—上海）、西二线东段（宁夏中卫—广东广州）、忠武线（重庆忠县—湖北武汉）、长宁线（陕西长庆—宁夏银川）等	1219/1016/711	0.2429	
中石油管道分公司	包括秦沈线（河北秦皇岛—辽宁沈阳）、大沈线（辽宁大连—沈阳）、哈沈线（沈阳—长春）、中沧线（河南濮阳—河北沧州）等	1016/711	0.4678	
中石油西南管道分公司	包括中贵线（宁夏中卫—贵州贵阳）、西二线广南支干线（广东广州—广西南宁）等	1016	0.3961	
中石油西南管道有限公司	中缅线（云南瑞丽—广西贵港）	1016	0.4109	
中石油西南油气田分公司	西南油气田周边管网	914/813/711		0.15
中石化川气东送天然气管道有限公司	川气东送管道（四川普光—上海）	1016	0.3894	

续表

企业名称	经营的主要管道	主干管道管径 毫米	管道运输价格 元/千立方米·千米	元/立方米
中石化榆济管道有限责任公司	榆济线（陕西榆林—山东济南）	711/610	0.4443	
内蒙古大唐国际克什克腾煤制气天然气有限责任公司	内蒙古克什克腾至北京煤制气管道	914	0.9798	
山西通豫煤层气输配有限公司	山西沁水至河南博爱煤层气管道	559	3.5047	
张家口应张天然气有限公司	应张线（山西应县—河北张家口）	508	2.0304	

（2）原油管道运输政策

中国原油管道运输价格实行政府定价，分为两种形式：一是国家投资兴建的管道，执行全国统一运价（管径与运距二维表）；二是企业贷款建设的管道，由政府根据还贷及营运情况制定一线一价。成品油管网设施运营企业在商品交接及计算运输费、储存费时，按照有关规定和标准进行计量。

（3）储运政策

2016年10月，国家发展改革委发布《关于明确储气设施相关价格政策的通知》，明确储气服务价格由储气设施经营企业根据储气服务成本、市场供求情况等与委托企业协商确定，储气设施天然气购销价格由市场竞争形成。鼓励储气设施对外销售

2018年4月26日，国家发展改革委印发《关于加快储气设施建设和完善储气调峰辅助服务市场机制的意见》（发改能源规〔2018〕637号）。意见明确：坚持储气服务和调峰气量市场化

定价，储气设施实行财务独立核算，鼓励成立专业化、独立的储气服务公司。储气设施天然气购进价格和对外销售价格由市场竞争形成。储气设施经营企业可统筹考虑天然气购进成本和储气服务成本，根据市场供求情况自主确定对外销售价格。鼓励储气服务、储气设施购销气量进入上海、重庆等天然气交易中心挂牌交易。峰谷差大的地方，要在终端销售环节积极推行季节性差价政策，利用价格杠杆"削峰填谷"。

3. 财税政策

油气管道与储运业务主要税费包括所得税、增值税、城市维护建设税、资源税、房产税、城镇土地使用税、车船税、印花税等。

（1）管道运输税收

城镇土地使用税。2015年6月29日，财政部和国家税务总局印发《关于石油天然气生产企业城镇土地使用税政策的通知》（财税〔2015〕76号），石油天然气生产建设用地暂免征收城镇土地使用税，主要包括：①企业厂区以外的铁路专用线、公路及输油（气、水）管道用地；②油气长输管线用地。

增值税。2018年4月，财政部和国家税务总局印发《关于调整增值税税率的通知》（财税〔2018〕32号），自2018年5月1日起，管道运输服务增值税税率由11%下调至10%。

（2）管道运输定价成本监审

2016年10月，国家发展改革委印发《天然气管道运输价格管理办法（试行）》和《天然气管道运输定价成本监审办法（试行）》（发改价格规〔2016〕2142号），自2017年1月1日起施行，有效期5年。跨省天然气管道定价监审主要包括：

第一，管道运输定价成本监审工作由国务院价格主管部门负责组织实施。

第二，管道运输定价成本由折旧及摊销费、运行维护费构成。其中,折旧及摊销费指与管道运输服务相关的固定资产原值、无形资产原值按照规定的折旧和摊销年限计提的费用,包括管理费用和销售费用中的折旧及摊销费计入定价成本的折旧费按照国务院价格主管部门核定的上一年度末固定资产原值、规定的折旧年限,采用年限平均法核定。

表 15　　天然气管道运输企业固定资产定价折旧年限

序号	资产类别/名称	定价折旧年限
1	天然气管道	30
2	通用设备及设施	12
3	房屋、建筑物	30
4	其他	按有关财务制度规定

运行维护费指维持管道正常运行所发生的费用,包括直接输气成本、管理费用、销售费用。直接输气成本,包括材料费、燃料动力费、修理费、职工薪酬、输气损耗,以及其他相关费用。管理费用指管道运输企业管理部门为组织和管理输气服务所发生的各项费用,包括管理人员职工薪酬、差旅费、会议费、办公费、业务招待费等,不含折旧及摊销费。销售费用指管道运输企业在销售或提供服务过程中发生的各项费用,包括销售人员职工薪酬、资料费、包装费、保险费、广告费、租赁费等,不含折旧及摊销费。

第三,管道与储气库、液化天然气接收站以及其他基础设施共用设备设施的,应根据气量、固定资产原值等合理分摊共用成本。

第四,管道运输企业的单位定价成本按核定的上一年度成本总额除以总周转量计算确定。其中总周转量为企业拥有的所有天然气管道周转量之和,单条管道周转量按该管道实际运输气量乘以平均运输距离计算确定。

（3）储运

2005年3月，财政部和国家税务总局印发《关于国家石油储备基地建设有关税收政策的通知》（财税〔2005〕23号）。经国务院批准，对国家石油储备基地第一期项目建设过程中涉及的营业税、城市维护建设税、教育费附加、城镇土地使用税、印花税、耕地占用税和契税予以免征。上述免税范围仅限于应由国家石油储备基地缴纳的税收。国家石油储备基地第一期项目包括大连、黄岛、镇海、舟山4个储备基地。

2018年1月，国务院出台《关于促进天然气协调稳定发展的若干意见》（国发〔2018〕第31号），提出对重点地区应急储气设施建设给予中央预算内投资补助支持，研究中央财政对超过储备目标的气量给予补贴等支持政策，在准确计量认定的基础上研究对垫底气的支持政策；研究根据LNG接收站实际接收量实行增值税按比例返还的政策。

2018年4月26日，国家发展改革委和能源局印发《关于加快储气设施建设和完善储气调峰辅助服务市场机制的意见》（发改能源规〔2018〕637号）。研究对地下储气库建设的垫底气采购支出给予中央财政补贴，对重点地区应急储气设施建设给予中央预算内投资补助支持。在第三方机构评估论证基础上，研究液化天然气接收站项目进口环节增值税返还政策按实际接卸量执行。

2018年7月，国家发展改革委发布特急文件《重点地区应急储气设施建设中央预算内投资（补助）专项管理办法的通知》（发改能源规〔2018〕1004号），从2018年7月10日起至2020年12月31日，LNG储罐的投资补助标准不高于储罐总投资的30%，同时单位补助额度不高于2500元/水立方米。发达地区可以参照上述原则并适当调减补助标准，但最低不低于500元/水立方米。

4. 安全环保政策

《中华人民共和国环境保护税法》，自2018年1月1日起施行。按照"税负平移"的立法原则，将现行排污费制度平移至环境保护税，根据现行排污费项目设置税目，以现行排污费收费标准作为环境保护税的税额下限。同时，给予地方一些授权的规定，地方可在授权范围内确定具体税额。

（四）进出口与贸易法规

1. 准入政策

中国实行国营和非国营贸易相结合的原油、成品油进出口体制。除特定情况外，国营贸易企业和非国营贸易企业以外的其他企业，不得从事原油、成品油的进口业务。

中国没有针对天然气规定相应的进出口配额及使用权限制。

2002年7月18日，原对外贸易经济合作部发布《原油、成品油、化肥国营贸易进口经营管理试行办法》（对外贸易经济合作部令2002年第27号），规定国家对原油、成品油、化肥进口实行国营贸易管理。国营贸易企业是经国家特许，获得从事某类国营贸易管理货物进口经营权的企业或机构。对原油国营贸易进口，国营贸易企业按照有关规定向自动进口许可管理机构申领自动进口许可证明。现阶段拥有原油国营贸易进口经营权的企业包括5家：中国中化集团公司、中国联合石油有限责任公司、中国国际石油化工联合有限责任公司、中海油中石化联合国际贸易有限公司、珠海振戎公司（2014年与南光集团重组）。

对成品油进口，国营贸易配额持有者必须委托国营贸易企业进口。

2. 原油、成品油非国营贸易

非国营贸易进口实行配额管理，企业进口资质需通过商务部审批，配额由商务部分配。

(1) 原油非国营贸易

长期以来，中国原油进口权由国有企业专营，原油国营贸易配额主要用于国有石油企业的炼厂加工。2014 年 5 月 4 日，国务院办公厅印发《关于支持外贸稳定增长的若干意见》（国办发〔2014〕19 号），明确赋予符合条件的原油加工企业原油进口和使用资质。原油加工企业进口原油应获得"两权"：一是具备原油进口使用权；二是获得原油进口资质。

2015 年，国家发展改革委发布《关于进口原油使用管理有关问题的通知》（发改运行〔2015〕253 号），允许尚未使用进口原油的原油加工企业，在符合一定条件的前提下（淘汰落后炼油装置或建设调峰储气设施），可使用进口原油，即赋予原油加工企业使用权。

2015 年，商务部发布《关于原油加工企业申请非国营贸易进口资格有关工作的通知》（商贸函〔2015〕407 号），明确符合条件的原油加工企业可获得非国营贸易进口资质。自原油非国营贸易进口权开放以来，进口允许量呈逐年增长态势。根据《2018 年原油非国营贸易进口允许量总量、申请条件和申请程序》（商务部公告 2017 年第 76 号），2018 年原油非国营贸易进口允许量为 14242 万吨。申请原油非国营贸易进口企业应具备以下资质：

表 16　　　　　　企业申请原油非国营贸易进口资质要求

1	近两年具有原油进口业绩或经国家产业主管部门核准的使用进口原油的资质
2	拥有不低于 5 万吨的原油水运码头（或每年 200 万吨换装能力的铁路口岸）的使用权，以及库容不低于 20 万立方米原油储罐的使用权
3	银行授信不低于 2000 万美元（或 1.2 亿元人民币）的对外贸易经营者
4	拥有从事石油国际贸易专业人员（至少 2 人）

续表

5	企业无走私、偷逃税、逃汇、套汇记录,近2年内未因违法违规经营受到行政、刑事处罚
6	其他需要考虑的因素

同时,在商务部公告2017年第76号中,采用了新的分配原则。包括:分批下达,即依据符合条件的企业2017年1—10月原油进口允许量的实际执行情况下达2018年第一批进口允许量;追加调整,即根据企业实际进口情况、经营需求和新增符合条件的加工企业申请,适时追加和调整允许量;严格考核,即2017年无进口业绩的企业不再安排允许量,不能完成持有进口允许量的企业,应在当年9月1日前,通过所在地商务主管部门或中央企业集团公司将当年无法完成的允许量交还商务部。

2018年3月,商务部发布《浙江自贸试验区企业申请原油非国营贸易进口资格条件和程序》(商务部公告2018年第25号),首次明确了贸易企业进入原油进口领域的申请条件等有关事项。该公告规定,浙江自贸试验区企业须具备中国企业法人资格,在浙江自贸试验区内注册登记,已办理对外贸易经营者备案登记。同时,还须具备以下条件:

表17　浙江自贸试验区企业申请原油非国营贸易进口所需条件

1	申请企业(或其股东)具有相应的原油仓储经营资格,在舟山市行政辖区内控股拥有不低于10万立方米的原油油库,且油库建设、施工符合有关国家规定并依法通过验收
2	具有危险化学品相关经营资格
3	企业正常经营,资信良好,无违反国家法律法规的行为,银行资信达到2A级以上,具有不低于等值10亿美元的省级商业银行授信额度

续表

4	具有相应的原油采购和产品销售渠道，有不低于5名从事石油国际贸易5年以上的专业人员

（2）成品油非国营贸易

成品油（燃料油，以下简称燃料油）进口实行国营贸易管理，同时根据中国加入世界贸易组织议定书的相关规定，对一定数量的燃料油进口实行非国营贸易管理，由符合非国营贸易资质条件的企业在年度进口允许量内进口。根据商务部《2018年成品油（燃料油）非国营贸易进口允许量申领条件、分配原则和相关程序》（商务部公告2017年第80号），2018年燃料油非国营贸易进口允许量为1620万吨。同时，公告规定了燃料油非国营贸易进口资质条件：

表18　　　　　　　　燃料油非国营贸易进口资质条件

1	获得进出口经营资格、办理对外贸易经营者备案登记或获得外商投资企业批准证书，具有独立的法人资格
2	拥有不低于1万吨的成品油进口码头或铁路专用线（仅限边疆陆运企业）等接卸设施所有权或使用权
3	拥有库容不低于5万立方米的成品油储罐或油库所有权或使用权
4	银行授信额度不低于2000万美元或1.2亿元人民币
5	近三年无违反国家法律法规的行为
6	生产型外商投资企业按现行规定办理
7	其他需要考虑的因素

商务部公告2017年第80号同时规定：2018年燃料油进口允许量实行"先来先领"的分配方式。符合非国营贸易进口资质条件的企业根据实际进口需求申领燃料油进口允许量，其可申领的起始数量根据2017年燃料油进口允许量完成情况、许可

证核销率设定。在起始申领数量内企业可分次申领燃料油自动进口许可证。企业报关进口或将未使用完毕的自动进口许可证退回后,可在不超过起始数量的范围内再次申领自动进口许可证,直至燃料油进口允许量总量申领完毕。

3. 财税政策

中国原油以进口为主。进口原油不缴纳关税和消费税,缴纳16%的增值税。

中国成品油以出口为主。成品油出口不缴纳消费税,对于一般贸易项下的部分产品执行增值税出口退税。2016年11月4日,财政部、国家税务总局下发《关于提高机电、成品油等产品出口退税率的通知》(财税〔2016〕113号),恢复车用汽油及航空汽油、航空煤油、柴油等产品一般贸易出口退税率,并将增值税出口退税率提高至17%(增值税降税率后变更为16%)。

中国天然气以进口为主。进口天然气不缴纳关税和消费税,缴纳10%的增值税。2011年8月1日,财政部、海关总署、国家税务总局发布《关于对2011—2020年期间进口天然气及2010年年底前"中亚气"项目进口天然气按比例返还进口环节增值税有关问题的通知》(财关税〔2011〕39号),明确对进口天然气(包括LNG)按一定比例返还进口环节增值税:在2011年1月1日至2020年12月31日期间,在经国家准许的进口天然气项目进口天然气价格高于国家天然气销售定价的情况下,将相关项目进口天然气(包括LNG)的进口环节增值税按该项目进口天然气价格和国家天然气销售定价的倒挂比例予以返还。进口天然气价格和国家天然气销售定价倒挂比例具体计算公式为:倒挂比例=〔(进口价格−销售定价)/进口价格〕×100%。对2010年年底前"中亚—中国天然气管道"项目进口的天然气,也按上述政策返还进口环节增值税。2017年12月22日,财政部、海关总署、国家税务总局发布《关于调整天然气进口税收优惠政策有关问题的通知》(财关税〔2017〕41号),对销售定价进行了调整:自2017年10月1日起,将LNG销售定价调整为26.64元/GJ,将管道天然气销售定价调整为0.94元/立方米。2017年7—9月间,LNG销售定价适用27.49元/GJ,管道天然气销售定价适用0.97元/立方米。

4. 安全环保政策

国家发展改革委发布的《关于进口原油使用管理有关问题的通知》(发改运行〔2015〕253号),规定了申请原油进口使用权的新增用油企业应符合以下条件:

表19　　　　　　　　企业申请原油进口使用权条件

1	拥有一套及以上单系列设计原油加工能力大于200万吨/年(不含)的常减压装置
2	炼油(单位)综合能耗小于66千克标油/吨;单位能量因数能耗不超过11.5千克标油/(吨·能量因数);加工损失率小于0.6%;吨油新鲜水耗量小于0.5吨;原油储罐容量符合有关要求
3	具备完善的产品质量控制制度,成品油等炼油产品符合申请时企业所在地施行的国家或地方最新标准
4	具备与加工能力、原油品质等相匹配的环境保护设施和事故应急防范设施且运转正常,污染物排放符合国家或地方标准及总量控制要求,编制并报备突发环境事件应急预案,近三年未发生较大及以上突发环境事件
5	具备完善的安全生产管理制度和良好的历史安全纪录,近三年未发生较大及以上安全生产事故,通过危险化学品从业单位安全生产标准化达标评审
6	具备完善的消防安全管理制度,近三年未发生较大及以上火灾事故,建筑和设施符合国家消防技术标准,依法建立与生产、储存规模和危险性相适应的专职或志愿消防队,依据标准配备人员、车辆及装备
7	淘汰本企业所有设计原油加工能力200万吨/年(含)以下常减压装置

商务部发布的《关于原油加工企业申请非国营贸易进口资格有关工作的通知》（商贸函〔2015〕407号），规定了申请非国营贸易进口资格的原油加工企业应具备的条件：

表20　　　　　企业申请原油非国营贸易进口资格条件

1	拥有一套及以上单系列设计原油加工能力大于200万吨/年（不含）的常减压装置
2	炼油（单位）综合能耗小于66千克标油/吨；单位能量因数能耗不超过11.5千克标油/（吨·能量因数）；加工损失率小于0.6%；吨油新鲜水耗量小于0.5吨；原油储罐容量符合有关要求
3	具备完善的产品质量控制制度，成品油等炼油产品符合申请时企业所在地施行的国家或地方最新标准
4	具备与加工能力、原油品质等相匹配的环境保护设施和事故应急防范设施且运转正常，污染物排放符合国家或地方标准及总量控制要求，编制并报备突发环境事件应急预案，近三年未发生较大及以上突发环境事件
5	具备完善的安全生产管理制度和良好的历史安全记录，近三年未发生较大及以上安全事故，通过危险化学品从业单位安全生产标准化达标评审
6	具备完善的消防安全管理制度，近三年未发生较大及以上火灾事故，建设和设施符合国家消防技术标准，依法建立与生产、储存规模和危险性相适应的专职或志愿消防队，依据标准配备人员、车辆及装备
7	有完备的仓储物流条件；有合格的检验、计量、消防安全等专业技术人员
8	企业正常经营，近3年无违反国家法律法规的行为，资信良好，银行信誉达2A级以上；不低于等值10亿美元的省级商业银行授信额度
9	具有相应的原油采购和产品销售渠道；有不低于5名从事石油国际贸易5年以上的专业人员

王晓泉，法学博士，中国社会科学院"一带一路"研究中心副主任、中国俄罗斯东欧中亚学会秘书长、中信改革发展研究基金会中俄战略协作中心执行主任。

叶莲娜·扎维雅洛娃（Elena Zavyalova），经济学博士，俄罗斯外交部直属莫斯科国立国际关系学院经济政策及政府和社会资本合作研究室主任。